高等院校电子商务职业细分化创新型规划教材

ECETC | 电子商务从业人员培训考试认证项目

电子商务案例分析

程艳红◎主编

人民邮电出版社

北京

图书在版编目（CIP）数据

电子商务案例分析 / 程艳红主编. -- 北京 : 人民邮电出版社, 2015.2（2020.3重印）
高等院校电子商务职业细分化创新型规划教材
ISBN 978-7-115-37551-3

Ⅰ. ①电… Ⅱ. ①程… Ⅲ. ①电子商务－案例－高等学校－教材 Ⅳ. ①F713.36

中国版本图书馆CIP数据核字(2014)第281651号

内 容 提 要

本书是一本案例分析型电子商务教材，内容基本覆盖目前电子商务的各个方面。本书共10章，包括引言、B2B电子商务案例、B2C电子商务案例、C2C电子商务案例、O2O电子商务案例、移动电子商务案例、营销模式创新案例、电子商务物流案例、电子商务企业创新案例、互联网金融案例等内容。每章选取具有代表性的案例进行分析，让读者在真实案例中探索与学习，在教学过程中体现互动、交流的特性。每章附有拓展案例分析材料，供读者进行课后阅读。

本书适合作为高等院校电子商务专业“电子商务案例分析”课程教材，也可作为电子商务培训教材，还可供企事业单位电子商务、国际贸易等从业人员参考。

◆ 主　　编　程艳红
责任编辑　王　平
责任印制　杨林杰

◆ 人民邮电出版社出版发行　　北京市丰台区成寿寺路 11 号
邮编　100164　　电子邮件　315@ptpress.com.cn
网址　http://www.ptpress.com.cn
大厂聚鑫印刷有限责任公司印刷

◆ 开本：787×1092　1/16
印张：9.5　　2015 年 2 月第 1 版
字数：228 千字　　2020 年 3 月河北第13次印刷

定价：26.00 元

读者服务热线：(010)81055256　印装质量热线：(010)81055316
反盗版热线：(010)81055315
广告经营许可证：京东工商广登字 20170147 号

前　言 FOREWORD

有人说，我们生活的时代已经发生了巨大的创新性革命。

有人说，其实我们生活的时代，从来就没有发生过变化。

但是，有一点是可以肯定的，那就是 Internet 进入我们的生活后，给我们传统的工作和生活注入了很多新鲜的血液。而这个改变，归根结底，是互联网和商业活动结合起来之后才发生的，这就是电子商务的力量。

当前，电子商务已成为各个国家增强经济实力、赢得全球资源配置优势的有效手段。“十二五”期间是我国发展电子商务的战略机遇期，抓住机遇，加快发展电子商务，是以信息化带动工业化，以工业化促进信息化，走新型工业化道路的客观要求和必然选择。

电子商务案例分析对学生了解电子商务的发展、演变以及进行实践任务项目的指导作用非常大，高等院校该课程的电子商务案例分析专用教材在理论表述方面未能做到知识点与实践环节相对应，未能够将电子商务案例与各个专业以及工作岗位紧密衔接，尤其没有专门针对非电子商务类专业学生的学习基础进行编写的教材，现有课程教材对于新型理论的阐述、新时期问题的解答少，没有针对快速发展的电子商务模式、运行特点编写专门指导实践的教材。正是基于以上原因，我们组织编写本书，以满足市场对电子商务案例分析教材的实际需求。

本书编写思路明确，内容的广度和深度把握合理，理论知识体系完整，案例选取具有代表性，基本覆盖目前电子商务的各个方面。本书的主要特色如下。

- 案例分析型教学特色明显，全书收录了 20 多个电子商务案例。
- 从内容结构上进行创新。重点强调内容实用性的特点，减少枯燥、抽象的理论成分，打破原来比较呆板、八股的教材形式。
- 实战化内容编写。以不同模式的电子商务案例为主线，每个案例都来源于实际的企业应用，内容上更加贴近学生的专业素质、拓展学生未来的就业知识和提升学生的综合实践能力。

本书由程艳红担任主编，苏雷任副主编，程艳红负责编写第 2 章、第 4 章、第 5 章、第 6 章；苏雷负责编写第 1 章、第 7 章；邱联章负责编写第 3 章；金频生负责编写第 8 章；王立平负责编写第 9 章、第 10 章；全书由程艳红组织、策划和统稿。在本书的编写过程中，参考了相关资料和书籍，在此恕不一一列举，特别对这些参考文献的作者表示真诚的感谢。

由于时间仓促，编者水平有限，书中难免存在不足之处，恳请广大读者提出宝贵意见，以便我们改正并提高。有关本书的意见反馈和咨询，读者可通过邮箱 chengyh0628@126.com 反馈给编者。

程艳红

2014 年盛夏

CONTENTS

目录

CONTENTS

目录

第 4 章　C2C 电子商务案例　52

第 5 章　O2O 电子商务案例　70

第 6 章　移动电子商务案例　85

CONTENTS

目录

PART 1

第 1 章 引言

本章学习目标

- ➢ 理解电子商务产生和发展的背景
- ➢ 掌握电子商务发展的现状和趋势
- ➢ 掌握电子商务的应用状况及其影响

1.1 电子商务发展历程、现状及未来展望

- ✓ 互联网：Internet 的雏形 ARPAnet 诞生于美国，1969 年正式投入运行，用于国防和研究事业。
- ✓ 市场营销：19 世纪末，20 世纪初，市场营销的雏形在美国含苞待放，着重推销术和广告术。
- ✓ 物流：20 世纪初，资本主义国家发生了生产过剩与需求相对不足的经济危机，竞争的加剧使大家开始关注分销工作，萌发了物流这个概念。

以上三个事物就是电子商务借以产生的源泉。

从学术研究的角度来解释电子商务，可以将其界定为一个具有交叉学科属性的新兴学科。从已有的文献以及电子商务主要的研究机构来看，电子商务总体上仍属于信息系统的研究范畴。多年的发展之后，电子商务已经逐步形成自己的学科范式，即建立了自己的学会，拥有自己的期刊，形成了从专科到博士的人才培养体系。同时，形成了三个稳定的研究方向，它们分别是：

- ✓ 面向经济的研究，其研究方法包括博弈论、计量经济方法等。
- ✓ 面向行为的研究，其研究方法包括结构方程分析法等。
- ✓ 面向技术的研究，其研究方法包括数据挖掘、文本挖掘等。

本书仍然将视角确定在业界范围，从电子商务运营商的角度，对成功的电子商务案例进行剖析，借鉴成功的商业模式。

1.1.1 我国电子商务的发展历程

1997 年，中国化工信息网正式在互联网上提供商务服务，这被人们看作我国电子商务的正式发端。十几年以来，伴随着我国国民经济的快速发展以及国民经济和社会发展信息化的不断进步，我国电子商务行业虽然历经曲折，却仍然取得了骄人的成绩。根据商务部所发布的《中国电子商务发展报告（2012）》，2012 年我国电子商务交易额突破 8 万亿元，仅次于美国，成为目前世界第二大网购市场，自 2003 年以来，年复合增长率达到 120%。

纵观十几年的电子商务发展历程，我们可以将其划分为三个历史阶段。

1. 初创期（1997—2002 年）

互联网虽然是舶来品，却受到人们的热切期待。加之此时美国网络热潮兴起，也促使我国互联网得以快速发展，中国化工网、8848、阿里巴巴、易趣网、当当网、美商网等知名电子商务网站很快就在最初的几年时间里发展起来。然而，由于这段时期我国信息化发展水平仍然较低，社会大众对于电子商务仍然缺乏了解和信任，加上不久之后的互联网泡沫以及东南亚金融危机的影响，电子商务网站大多举步维艰。不过，这段时期的经历为我国电子商务发展打下了很好的基础，营造了很好的社会舆论和环境。

2. 快速发展期（2003—2007 年）

2003 年的"非典"在给国家带来巨大困扰的同时，也给电子商务的发展提供了难得的历史机遇，支撑电子商务发展的一些基础设施和政策也在这期间得以发展起来。在这一年里，阿里巴巴先后建立淘宝网并推出"支付宝"。这期间，国家也先后出台了一些促进电子商务发展的重要措施：2004 年 8 月，中华人民共和国第十届全国人民代表大会常务委员会第十一次会议通过了《中华人民共和国电子签名法》；2005 年，经国务院同意，公布了《国务院办公厅关于加快电子商务发展的若干意见》；2005 年 10 月，中国人民银行出台《电子支付指引（第一号）》，对电子支付中的规范、安全、技术措施、责任承担等进行了详细的规定；2007 年 6 月，国家发展改革委、国务院信息办联合发布《电子商务发展"十一五"规划》，这是我国首部电子商务发展规划，首次在国家政策层面确立了发展电子商务的战略和任务。

3. 创新发展期（2008 年至今）

尽管受到国际金融危机的影响，但是 2008 年以来我国电子商务仍然以较高的速度增长。除了 2009 年、2010 年外，其他年份的增长率都在 30%以上。这段时期的特点是，我国电子商务初步形成了具有中国特色的网络交易方式，网民数量和物流快递行业都快速增长，电子商务企业竞争激烈，平台化局面初步成型。

1.1.2 我国电子商务的发展现状及特点

1．我国电子商务仍然保持快速增长态势，潜力巨大

我国近年来的电子商务交易额增长率一直保持快速增长势头，特别是网络零售市场更是发展迅速，2012 年达到 13110 亿元，按汇率计算，合计 2068 亿美元，与美国 2012 年的 2255 亿美元已经非常接近。按照目前趋势，2013 年我国网络零售市场交易规模就已超越美国，成为世界第一电子商务大国。而 2012 年 11 月 11 日，阿里巴巴"双十一"节日交易额达到 191 亿元，更是让人们看到我国网络零售市场发展的巨大潜力。毫无疑问，电子商务正在成为拉动国民经济保持快速可持续增长的重要动力和引擎。

2．企业、行业信息化快速发展，为加快电子商务应用提供坚实基础

近年来，在国家大力推进信息化和工业化融合的环境下，我国服务行业、企业加快信息化建设步伐，电子商务应用需求变得日益强劲。根据国家统计局的调查，2011 年我国 58754 家大中型企业拥有企业网站数量为 39162 个，平均每个企业拥有 0.67 个网站。大中型工业企业的业务应用重点是加强电子商务在需求计划、物资储备、采购供应链管理、供应商管理等采购管理环节的作用。就工业行业来看，近年来计算机、通信等多种设备制造业，汽车制造以及黑色金属冶炼和加工行业在开展电子商务交易应用（含电子商务采购、电子商务销售）方面比较积极。

中小企业占我国企业数量的 99%。根据中国互联网络信息中心于 2012 年 12 月的调查，将近一半的中小企业建立独立的网站或是在电子商务平台开设网店，23%的中小企业综合应用搜索引擎、QQ 等即时聊天工具以及电子商务平台、电子邮件等网络营销方式开展电子商务应用。

近年来，很多非常传统的行业领域在开展电子商务应用方面取得了较好的成绩，如农村信息化取得了可喜的成绩，创新电子商务应用模式，涌现出一批淘宝店，一些村庄围绕自身的资源、市场优势，开展特色电子商务应用。传统零售企业纷纷进军电子商务，在 2012 年中国连锁百强企业中，有 62 家开展了网络零售业务。其他行业如邮政、旅游、保险等也都在已有的信息化建设基础之上，着力发展电子商务业务。值得注意的是，商业银行通过为中小企业提供在线支付结算、快捷化融资，着力满足参与电子商务各方的支付结算与资金管理需求。

3．电子商务服务业迅猛发展，初步形成功能完善的业态体系

2007 年以来的世界经济危机对我国电子商务服务业发展似乎并没有造成显著的影响，相反，我国电子商务服务业以此次危机作为历史机遇，继续创新发展，逆势增长，日益成为拉动我国消费需求、促进传统产业升级、发展现代服务业的重要引擎。

从电子商务交易情况来看，近年来出现了一些新的发展趋势。一是发展模式不断演变。近年来 B2B 与 B2C 加速整合，并由信息平台向交易平台转变。就零售市场来看，C2C 占据主流，而 B2C 在不断扩大市场份额。团购在热闹一阵之后很快趋于平静，其前景不明；但是移动购物开始发力，将来的影响值得期待。二是零售电子商务平台化趋势日益明显。具体包括三种情况：追求全品类覆盖的综合性平台，专注细分市场的垂直型平台，大型企业自营网站逐渐向第三方平台转变。三是平台之间竞争激烈，市场日益集中。以阿里巴巴（淘宝、天猫）、京东商城为第一梯队拉开了与其他中小型电子商务企业的差距，电子商务平台的寡头竞争局面初步形成。

从支撑性电子商务服务业来看，近年来出现了不少重大的变化，将对未来现代服务业发展产生重要影响。这些变化具体包括以下几个方面。

（1）各方面的功能日益独立显现，呈现高度分工的局面。在这方面，物流、电子支付两个领域的发展非常显著，规模快速膨胀，市场竞争非常激烈，成为支撑电子商务深入发展的两大重要支撑力量。另外，第三方支付牌照以及整个市场的不断规范，将为其他网络交易如政府和企事业公共服务收费（如支付水电、燃气、物业、电话费等）业务提供更加完善的渠道，并为平台企业开展金融增值服务提供强有力的手段，有望成为未来促进金融创新的亮点。

（2）新一代信息技术在电子商务服务中得到快速应用。除了已经得到大量应用的以 RFID 为代表的物联网技术外，大数据正逐渐让数据挖掘发挥其精准营销的功能。传统的数据挖掘技术已经难以应付电子商务快速发展的局面，为此，阿里巴巴、京东商城等几家大型电子商务企业正在开展大数据的相关应用，大数据的作用将日益显现。云计算也开始在电子商务平台企业中得到应用，阿里巴巴建立了聚石塔，京东商城则投资 40 亿元分别在内蒙古自治区、江苏省建设自己的云中心基地，并开发了名为“云鼎”的云计算架构平台。

（3）电子商务平台的功能日益全能化。阿里巴巴、京东商城、易趣等都在着力建立和完善自己的物流快递体系，而第三方支付牌照也让各自平台拥有基于自身支付工具的交易手段。在其他支撑性服务方面，也都存在类似的情况和趋势。

从辅助性电子商务服务来看，围绕网络交易派生出一些新的服务行业，如网络议价、网络模特、网络美化装修、网（站）店运营服务与外包等。像美的、苏泊尔、安踏、诺基亚、HTC 等企业的 B2C 业务均由电子商务外包服务企业负责代为运营管理。目前，这些职业正在成为年轻人的创业热点。

电子商务服务业可以看作电子商务对国民经济和社会发展所产生的重大影响的体现，我们可以将这些影响看作电子商务的“撬动效应”。从目前的发展情况来看，这种撬动效应还在不断扩大。因此，如何继续保持当前电子商务服务业的发展趋势并进一步完善各部分功能，应该是未来电子商务政策（工商注册登记、税收等）的着力点。

4．电子商务区域发展不平衡情况显著

根据中国互联网络信息中心的调查，开展在线销售应用的企业主要集中在东部地区，该比例高于整体受访企业中的东部地区企业数量比例，而中西部地区在线销售企业比例均低于其整体占比。另一方面，电子商务服务企业主要集中在长三角、珠三角和北京等经济发达地区，而且出现企业日益集中的趋势。出现这种局面的原因主要有：良好的经济发展基础和交通基础设施条件、地方政府支持、相对成熟的环境。

5．跨境电子交易获得快速发展

在国际经济形势持续不振的环境下，我国中小外贸企业跨境电子商务仍然逆势而为，近年来保持了30%的年均增速，使我国成为世界跨境电子商务第一大国。有关部门正在加紧完善促进跨境网上交易对平台、物流、支付结算、海关商检等方面的配套政策措施，促进跨境电子商务模式不断创新，从而出现了一站式推广、平台化运营、网络购物业务与会展相结合等模式，使得越来越多的中国制造产品得以通过在线外贸平台走向国际市场，从而有力地推动了跨境电子商务向纵深发展。

6．电子商务形成新的治理结构

B2B与B2C的融合以及电子商务平台化、平台开放对于企业生产经营环境产生了重要的影响。

全社会几乎所有的产品和服务都日益集中到为数不多的几个大型电子商务平台，所有的产品与服务提供企业都面临着同样的电子商务平台，这时电子商务平台就具有了一种超然的地位，发挥着企业前台的角色。而对产品与服务提供企业来说，则面临着一种更加不同的环境，不仅要接受来自社会和政府职能部门的监管，还要接受电子商务平台的规则制约。因此，电子商务平台企业实际上发挥着一种公共监管者的职能，从而形成一种独特的电子商务治理结构。这种治理结构对我们是一个全新挑战，必须对此进行充分的理论研究和政策分析。

这种电子商务治理结构给政府部门、电子商务平台和产品与服务提供商都带来新的挑战。这种结构首先会对政府部门监管带来影响，对于一些可以通过电子商务平台去解决的问题，可以考虑逐步放开或是与电子商务平台协作管理。而对于电子商务平台的市场监管倒是应该成为政府部门研究和重视的问题，具体包括如何认识和定位电子商务平台在市场管理方面的属性和角色，如何规制电子商务平台之间的竞争与合作，以便为电子商务经济营造一个理性发展环境。另外，如何构建政府部门与电子商务平台之间的关系，也是未来行业管理的一个重大问题。

对电子商务平台来说，作为一个企业，必须面临整个行业的发展趋势，并据此进行相应的战略调整以适应其发展；另一方面也必须基于一个准公共管理者的角色，从公平交易规范、信用管理、产品与服务标准、资格认定、相关业务技术培训、行业统计等方面加强建设。

新的规制将给企业经营管理带来更多的要求。在电子商务平台，企业产品面临着多维竞争，不仅有价格竞争，还有品牌、市场占有率、企业信用、售后服务等方面的竞争，所有的这些信息都统一地公开在一个平台之上，同时用户对产品的市场评价也将直接地体现在这个统一的平台上。因此，企业面临着一个全新的市场环境，需要更新传统环境下的发展理念，加强企业形象和品牌建设，形成以技术、品牌、质量、服务为核心的竞争新优势，实现企业发展能力转型。

7．电子商务经济发展环境在不断改善

为促进电子商务经济发展，近年来各部门都基于各自职能采取了诸多政策措施。国家发改委、商务部于2012年5月在全国开展了建设电子商务试点城市和试点基地的活动，中国人民银行在2010年通过了《非金融机构支付服务管理办法》，并从2011年开始多批次地核发了将近200张第三方支付牌照。2012年是我国出台电子商务环境举措最为密集的一年，将对促进今后我国电子商务经济的发展产生重要的影响。

1.1.3 电子商务的未来展望

1. 移动购物

2013年年底，手机用户已经达到了五亿，而PC用户是5.9亿，而手机的渗透率增速是远大于PC的渗透率的。也就是说在2017年，手机用户将超过PC用户，电子商务将来的主战场不是在PC，而是在移动设备上。而移动用户有很多的特点，首先购买的频次更高、更零碎，购买的高峰不是在白天，是在晚上、周末和节假日。而移动购物将会取代PC电子商务，要准备迎接这场新的革命。而要做好移动购物，不能简简单单地把PC电子商务搬到移动设备上面，而要充分地利用这种移动设备的特征，比如说它的扫描特征、图像、语音识别特征、感应特征、地理化、GPS的特征，这些功能可以真正地把移动带到千家万户。

2. 平台化

大家可以看到大的电子商务都开始有自己的平台，因为这是最充分利用自己的流量、自己的商品和服务实现最大化效益的过程，因为有平台，可以利用全社会的资源提高自己商品的丰富度，扩大自己的服务和地理覆盖。

3. 三四线城市

一方面来源于移动设备的持续渗透，很多三四线城市是靠手机、Pad来接触互联网的，而且这些城市经济收入有所提高，本地的购物不便，商品可获得性很差，零售水平较落后。随着一二线城市网购渗透率接近饱和，电子商务城镇化布局将成为电子商务企业们发展的重点，三四线城市、乡镇等地区将成为电了商务“渠道下沉”的主战场，同时电子商务在三四线欠发达地区可以更大地发挥其优势，缩小三四线城市、乡镇与一二线城市的消费差别。阿里巴巴在发展菜鸟物流，不断辐射三四线城市；京东IPO申请的融资金额为15亿美元到19亿美元之间，但是京东在招股书中表示，将要有10亿美元到12亿美元用于电子商务基础设施的建设，似乎两大巨头都将重点放在了三四线城市。事实上，谁先抢占了三四线城市，谁就将在未来的竞争中占据更大的优势。

4. 物联网

大家可以试想一下一些可穿戴设备和RFID的发展，将来的芯片可以植入在皮肤里面，可以植入在衣服里面，可以在任何物品里面，任何物品状态的变化都可能引起其他相关物品的状态变化。想象一下，如果将一瓶牛奶放进冰箱，进冰箱的时候自动扫描，自动地知道保质期，知道什么时候放进去，知道每天的用量，当要喝完的时候，马上可以自动下订单，商家接到订单马上送货。刚好下订单可能会触发电子商务，从供应商那里下订单，而该订单又触发生产，也就是说所有的零售、物流和最后的生产可以全部结合起来。

5. 社交购物

社交购物定义为基于社交网络或源于某种社交活动或事件所导致的购物或交易。社交化购物的基础是社交，即人与人的关系。这种关系可以是亲戚朋友同事同学，也可以是有类似经历或相同兴趣的人，甚至是你有一定信任感的意见领袖或者曾买过你希望购买的商品的其他顾客。社交购物可以让大家在社交网络上面更加精准地去为顾客营销，更个性化地为顾客服务。

6. O2O

举个例子，沃尔玛全球CEO来上海，他去中远两湾城参观，那里建立了一个社区服务点，其有三个功能：第一是集货的区域，将货物集散到顾客手中；第二是顾客取货的点；第三是营销的点，用于展示商品，为社区的居民进行团购，帮助他们上网并使用手机购物。通过以上例子可见，传统零售在往线上走，电子商务往线下走，最后是O2O的融合，为顾客提供了多渠道、更大的便利。

7. 云服务和电子商务解决方案

大量的电子商务企业发展了很多的能力，这些能力包括物流的能力、营销的能力、系统的能力以及各种各样为商家、供应商、合作伙伴提供电子商务解决方案的能力，这些能力希望最大效率地发挥作用。比如说推出一个SBY，其中有营销服务、数据服务、平台服务、物流服务，刚刚又推出了金融服务，还会有更多的服务。也就是说，把研发出来的、为电子商务本身提供的能力，提供给全社会。

8. 大数据的应用

实际上，电子商务的盈利模式是逐渐升级的，具体有以下几个方面。

（1）低级的盈利模式是靠商品的差价。

（2）为供应商的商品做营销，从而带来盈利。

（3）靠平台，有了流量、顾客，希望收取平台使用费和佣金提高自己的盈利能力。

（4）金融能力，为我们的供应商、商家提供各种各样的金融服务，得到的能力。

（5）数据能力，即拥有大量电子商务顾客行为数据，利用这个数据充分产生它的价值，该能力也是为电子商务盈利的最高层次。而数据也是一个逐渐升级的过程，原始的数据是零散的，价值非常小，而这些数据经过过滤、分析而成为了信息，在信息的基础上建立模型，来支持决策，从而形成了知识，而这些知识能够做预测，能够举一反三，能够悟出道理，即演变成智慧。所以在整个盈利模式升级、数据升级和数据价值升级的过程中，可以充分体现这个大数据的价值。

9. 精准化营销和个性化服务

个性化服务，这个需求大家都是有的，都希望这个网站是为我而设的，希望所有为我推荐的刚好是我要的。精准化营销意味着以后的营销不再是大众化营销，而是窄众营销，营销目标是特定的群体，使用的术语、信息渠道和工具也是目标群体最容易接受的。

10. 互联网金融

互联网金融可以比作一个平台，这个平台上面有演员、有观众、有很多戏，戏的内容包括保险、基金、小贷以及各种各样的服务。演员就是银行、金融机构、保险公司等。观众则是所有的顾客，如商家、供应商、合作伙伴。这个平台能够很好地为所有的大众服务，为所有的这台戏上面的观众服务。

1.2 电子商务的应用领域及产生的影响

1.2.1 电子商务的应用领域

电子商务系统作为信息流、物流、资金流的实现手段，应用极其广泛，尤其适用于以下场合。

（1）国际旅游和各国旅行服务行业（例如宾馆、饭店、机场、车站的订票、预订房间、信息发布等一系列服务），如图1-1所示。

（2）传统的出版社和电子书刊、音像出版部门，如图 1-2 所示。

图 1-1 同程网

图 1-2 当当网

（3）网上商城（例如批发、零售商品，汽车、房地产、拍卖等的交易活动），如图 1-3 所示。

图 1-3 1 号店

（4）Web 工作站和工作网点，如图 1-4 所示。

图 1-4 申通快递

（5）计算机、网络、数据通信软件和硬件生产商，如图 1-5 所示。

图 1-5　戴尔公司商标标识

（6）无收入的慈善机构，如图 1-6 所示。

图 1-6　中国青少年发展基金会标识

（7）进行金融服务的银行和金融机构，持有各种电子货币或电子现金者（例如电子信用卡、磁卡、智能卡、电子钱包等的持有者），如图 1-7 所示。

图 1-7　中国工商银行标识

（8）政府机关部门的电子政务，如电子税收、电子商检、电子海关、电子政府管理，如图 1-8 所示。

图 1-8　某国土资源局标识

（9）信息公司、咨询服务公司、顾问公司，如图 1-9 所示。

图 1-9　360 标识

（10）进行小规模现金交易的金融组织和证券公司，如图 1-10 所示。

图 1-10　中国平安保险公司标识

（11）分布于全世界的各种应用项目和服务项目等，如图 1-11 所示。

图 1-11　苹果公司标识

1.2.2　电子商务产生的影响

电子商务正在引发一场"按需定制"的生产模式革命、"线上销售"的销售模式革命、"创业式"的就业模式革命、"货比三家"的消费模式革命、"无领式"的生活模式革命。其作为实体经济和网络经济融合发展的重要桥梁，自诞生之日起就与管理制度的改革和技术创新同步，助力经济社会运行方式变革的作用日益突出，已成为发达国家抢占网络经济制高点的战略举措。特别是在当前，产业结构优化升级和经济社会转型发展对电子商务发展提出了新需求，同时也赋予了电子商务新的价值功能，成为推动未来经济发展和社会变迁的重要力量。

1. 对经济的影响

（1）电子商务对经济信息化的影响。电子商务时代，工业企业的经营管理方式将会有极大的变化，改变了传统的市场结构，"供给推动"的生产方式将被"需求拉动"方式取代，迂回经济将被直接经济取代。

（2）电子商务对经济波动的影响。从宏观来看，信息作为调节资源优化配置的"第二只看不见的手"，补充了市场价格机制失灵的空缺，使经济运行趋于平衡。

（3）电子商务对经济增长的影响。以电子商务为代表的信息技术发展指数呈增长趋势，它已成为经济增长的加速剂和重要内容。信息在很多情况下多被视为不具排他性的公共产品，信息一旦成为现实生产力，就能以无成本的方式迅速扩散和传播，产生连锁反应，带动生产力的迅速提高，从而推动整个国民经济的飞速发展。

2. 对企业的影响

（1）改变了企业的竞争方式。电子商务改变了上下游企业之间的成本结构，使上游企业或下游企业改变供销合同的机会成本提高，从而进一步密切了上下游企业之间的战略联盟。这不仅给消费者和企业提供了更多的选择消费与开拓销售市场的机会，而且提供了更加密切的信息交流场所，从而提高了企业把握市场和消费者了解市场的能力。

（2）改变了企业形象的竞争模式。电子商务为企业提供了一种可以全面展开其产品和服务的品种和数量的虚拟空间，能够提高企业知名度和商业信誉。根据在线购物表明，网上公司可以为顾客提供品种齐全的商品、折扣以及灵活的条件、可靠的安全性和友好的界面，在线购物者在购物上不一定非购买名牌产品不可。因此，没有名牌的企业可以与名牌企业达到一种新的竞争。通过电子商务，企业的形象可以重新建立。

（3）改变了企业的营销方式。一方面，改变厂商的广告方式，网上广告的传播范围更为广泛，平均费用大为降低；另一方面，改变品牌的塑造方式，因而品牌的市场优势的作用正在改变，不知名品牌进入市场的机遇之门正在打开。

3. 对物流的影响

（1）供应链短路化。在传统的供应链渠道中，产品从生产企业流到消费者手里要经过多层分销商，流程很长，由此造成了很多问题。现在电子商务缩短了生产厂家与最终用户之间供应链上的距离，改变了传统市场的结构。企业可以通过自己的网站绕过传统的经销商与客户直接沟通。不需要设置多层实体分销网络（包括人员与店铺设施），也不需要存货，因此降低了流通成本，缩短了流通时间，使物流路径短路化。

（2）供应链中货物流动方向由“推动式”变成“拉动式”。传统的供应链，由于供销之间的脱节，供应商难以得到及时而准确的销售信息，因此只能对存货管理采用计划方法，存货的流动是“推动式”的。在电子商务环境下，供应链实现了一体化，供应商与零售商、消费者通过Internet连在了一起，通过POS、EOS等供应商可以及时且准确地掌握产品销售信息与顾客信息。此时存货管理采用反应方法，按所获信息组织产品生产和对零售商供货，存货的流动变成“拉动式”，完全可以消除上述两个缺点，并实现销售方面的“零库存”。

4. 对个人的影响

电子商务不仅可以为企业带来直接的经济效益，而且可以节省社会财力和物力。作为一种创新的经济运作方式，电子商务的发展正在改变着社会经济生活的各个方面，对全球经济、企业、政府及个人生活等都带来了深刻的影响。

（1）电子商务改变了人们的生活方式。电子商务降低了企业的管理成本和交易成本，省去了许多传统销售的中间环节，直接是生产商和消费者的交易，从而使商品价格大大降低，符合消费者的需求心理；网购使消费者不再奔波于商场和商店，省时省力；在购买商品的同时可以顺便了解很多其他商品行情；有些电子商务网站往往会通过独特的商品摆放方式，吸引顾客购买额外的商品；网店里往往会有顾客在实体店中没有或者没见过的商品，让顾客耳目一新。足不出户就可货比三家，从此，网购也成为了大家娱乐消遣的方式。

（2）电子商务改变了人们的学习方式。随着因特网的广泛应用，远程教学、网络学院层出不穷。网上学习资源丰富，人们可以根据自身需要在网上寻找适合自己的学习资料，极大地促进了教育的多元化发展，使自学成为一种时尚。

（3）电子商务改变了人们的工作方式。由于电子商务具有快捷、安全和广域的特点，因此人们的办公方式又多了一种选择：营销人员可以在网上进行商务洽谈、合同签订等商务活动；管理者可以在任何地方通过电子商务支持系统进行产供销的管理。

总之，电子商务的发展将促进各行各业的分工发生变化，随着网上消费的增加，物流配送业和信息服务业定会风生水起。

PART 2

第 2 章 B2B 电子商务案例

本章学习目标

- 掌握 B2B 电子商务模式的分类及各自的优缺点
- 了解 B2B 平台的基本功能
- 能够根据企业实际选择合适的 B2B 平台

2.1 基本知识点

1．B2B 电子商务的定义

Business to Business，B2B 是企业之间的电子商务交易模式，即企业与企业之间通过 Internet 进行产品、服务及信息的交换。目前，世界上 80%的电子商务交易额是在企业之间，而不是企业和消费者之间完成的。B2B 是电子商务中最重要的一种模式。

2．B2B 电子商务模式

第一种是面向制造业或面向商业的垂直 B2B（行业 B2B）。垂直 B2B 可以分为两个方向，即上游和下游。生产商或商业零售商可以与上游的供应商之间形成供货关系；生产商与下游的经销商可以形成销货关系。

代表企业：中国化工网（见图 2-1）。

优势：垂直 B2B 成本相对要低很多。

劣势：因为垂直 B2B 面对的多是某一个行业内的从业者，所以，他们的客户相对比较集中且有限。

图 2-1　中国化工网

第二种是面向中间交易市场的 B2B。这种交易模式是水平 B2B，它是将各个行业中相近的交易过程集中到一个场所，为企业的采购方和供应方提供了一个交易的机会。

代表企业：阿里巴巴中国站（见图 2-2）、慧聪网（见图 2-3）、中国制造网（见图 2-4）、环球资源网等。

优势：整合各个行业的优势资源，客户面广。

劣势：成本相对较高。

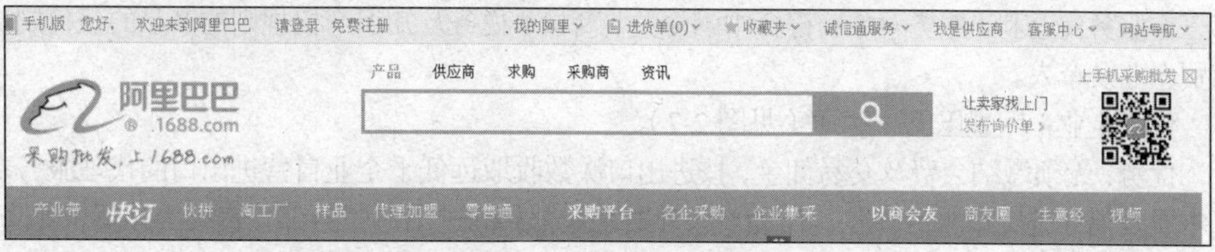

图 2-2　阿里巴巴中国站

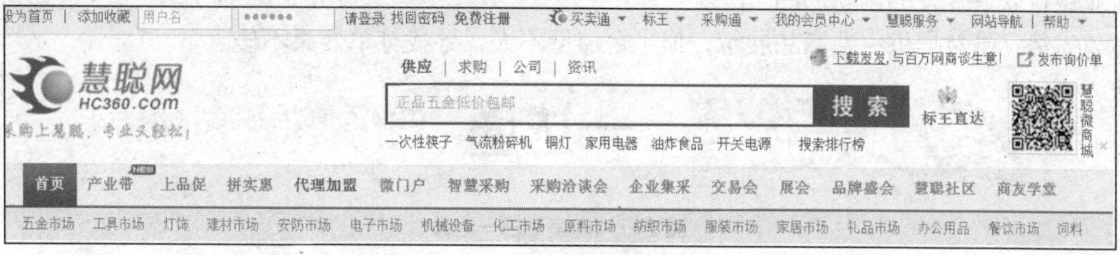

图 2-3　慧聪网

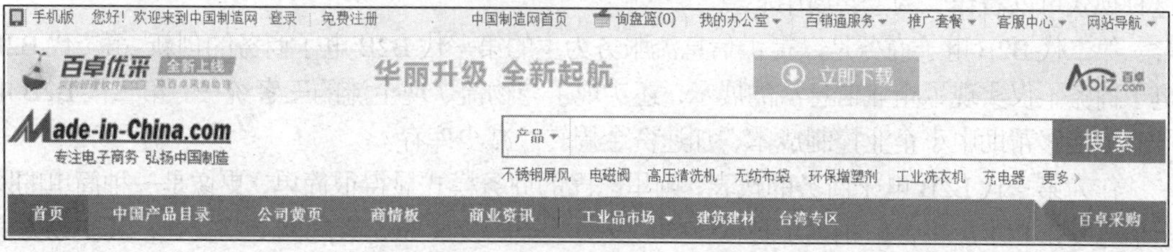

图 2-4　中国制造网

第三种是小额外贸交易服务平台。为小企业寻找海外小额订单，参与小额支付并提供速递物流。盈利模式：收取交易佣金+竞价排序+广告。服务对象：小外贸企业及个人。

代表企业：敦煌网（见图 2-5）、全球速卖通（见图 2-6）、eBAY.CN。

优势：入驻门槛低（无须缴纳年费），借助海外小额交易平台直接向海外消费者推广，能代客户安排速递及收取货款。

劣势：单量分散、交易佣金及物流费用高，企业无法正常收汇、办理核销、退税及做账，存在一定的法律风险。

图 2-5　敦煌网

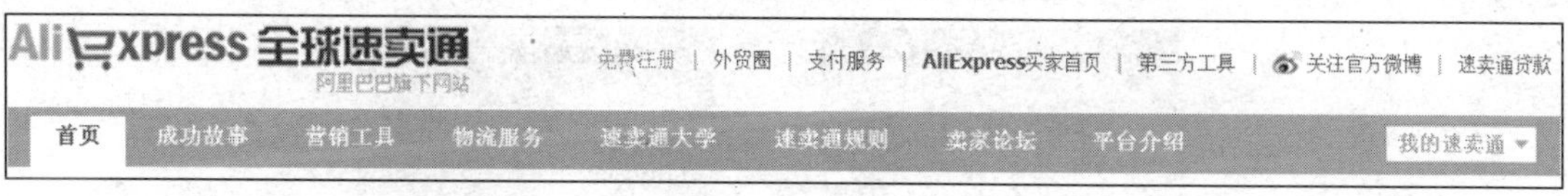

图 2-6　全球速卖通

第四种是外贸进出口代理服务平台。为中小企业提供专业进出口服务，全程代理客户完成通关、物流（海、陆、空）、金融（外汇结算、核销、退税、保险）服务，提供免抵押、担保的贸易融资。提供免费商品展示及第三方通关认证。盈利模式：固定代理费（最高 1000 元/次）+第三方服务商返利。服务对象：符合中国海关、商检、税务及知识产权规则的产品的任何制造、商贸企业及个人。

代表企业：阿里巴巴一达通（见图 2-7）。

优势：无须缴纳会费及交易佣金，按进出口次数收取远低于企业自营进出口的代理服务费，其本质是倡导进出口服务外包，作为广大外贸企业公共的进出口服务部，直接为外贸企业降低服务成本、提高服务效率。其中免抵押、担保的小额贸易融资（单笔 100 万元以内）是平台与商业银行联合开发的创新产品。

劣势：虽然提供免费商品展示，但平台流量不大，寻找订单效果不佳。

图 2-7　阿里巴巴一达通

第一代 B2B 电子商务主要以发布会员信息为主，并为会员提供广告竞价和其他增值服务，这种模式可以看作“网上会展中心”。

第二代 B2B 电子商务是以提供信息流服务为主的第一代 B2B 电子商务的创新。第二代 B2B 电子商务不仅实现了企业信息流的展示，还实现了与物流、现金流的三者统一。第二代 B2B 电子商务能够帮助中小企业控制成本、加速资金周转、减少库存。

作为第一代 B2B 电子商务的代表，阿里巴巴的商务模式显得很简单，更像是一种简单的网上信息发布和推广平台，相当于把传统的广交会之类的变成 365 天的网上广交会，其交易方式和传统的贸易方式没有什么差别。

而敦煌网作为第二代 B2B 电子商务的开创者，不仅实现了信息的展示（不同于阿里巴巴，免费的），更把整个供应链环节很多种元素都集成在一个平台上，使用户实现在线交易，因此这与阿里巴巴提供信息平台的模式不尽相同。

第二代模式的优势表现在以下两方面。

第一，可以实现在线交易。通过在线交易的实现，能够非常快地缩短贸易流程，省去大量的中间环节，帮助企业加快资金周转、减少库存，尤其在当前金融危机的情况下，能够提高企业的应变能力。

第二，可以进行在线支付。第二代 B2B 电子商务平台为用户提供第三方支付系统，可以保证会员在线支付的安全性。

敦煌网和其他 B2B 公司的模式比较如图 2-8 所示。

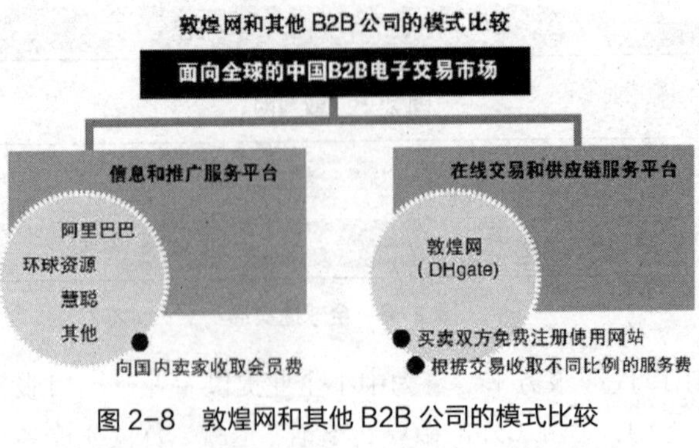

图 2-8　敦煌网和其他 B2B 公司的模式比较

3．B2B 电子商务的优势

电子商务将传统的商务流程电子化、数字化，大量减少了人力、物力，降低了采购和库存成本。同时打破了时空的限制，使交易活动更加方便快捷，大大提高了效率，同时节省了资金周转的时间，并扩大市场机会。B2B 电子商务平台的竞争优势可总结为以下 5 点。

（1）B2B 电子商务平台使买卖双方信息交流低廉、快捷。信息交流是买卖双方实现交易的基础。传统商务活动的信息交流是通过电话、电报或传真等工具，这与 Internet 信息以 Web 超文本（包含图像、声音、文本信息）传输不可同日而语。现在的电子商务平台买卖双方通过互联网交流信息，为双方都提供了便利。

（2）B2B 电子商务平台降低了企业间的交易成本。首先对于卖方而言，电子商务可以降低企业的促销成本。即通过 Internet 发布企业相关信息（如企业产品价目表、新产品介绍、经营信息等）和宣传企业形象，与按传统的电视、报纸广告相比，可以更省钱、更有效。因为在网上提供企业的照片、产品档案等多媒体信息有时胜过传统媒体的“千言万语”。据 IDC 调查，在 Internet 上做广告促销，可以提高销售数量 10 倍，而费用只是传统广告的 1/10。其次对于买方而言，电子商务可以降低采购成本。传统的原材料采购是一个程序烦琐的过程。而利用 Internet，企业可以加强与主要供应商之间的协作，将原材料采购和产品制造过程两者有机地结合起来，形成一体化的信息传递和处理系统。另外，借助 Internet，企业还可以在全球市场上寻求最优价格的供应商，而不是只局限于原有的几个商家。

（3）B2B 电子商务平台减少了企业的库存量。企业为应付变幻莫测的市场需求，通常需要保持一定的库存量。但企业的高库存政策将增加资金占用成本，而且不一定能保证产品或材料是适销货品；而企业低库存政策可能使企业的生产计划受阻、交货延期。因此寻求最优库存控制是企业管理的一个重要目标之一。以信息技术为基础的电子商务则可以改变企业决策中信息不确切和不及时的问题。通过 Internet，可以将市场需求信息传递给企业决策者以安排生产，同时也把需求信息及时传递给供应商而适时得到补充供给，从而实现“零库存管理”，大大降低了企业间的库存成本。

（4）B2B 电子商务平台缩短了企业的生产周期。一个产品的生产是许多企业相互协作的结果，因此产品的设计开发和生产销售最可能涉及许多关联企业，通过电子商务可以改变过去由于信息封闭而无谓等待的现象，缩短企业的生产周期。

（5）B2B 电子商务平台每天 24 小时无间断运作，为企业增加了商机。传统的交易受到时间和空间的限制，而基于 Internet 的电子商务则是一周 7 天、一天 24 小时无间断运作，网上的业务可以开展到传统营销人员和广告促销所达不到的市场范围，从而扩大企业的市场机会。

2.2 电子商务的创新标兵——阿里巴巴案例分析

2.2.1 阿里巴巴基本情况

1．公司概况

阿里巴巴集团经营多元化的互联网业务，包括促进 B2B 国际和中国国内贸易的网上交易市场、网上零售和支付平台、网上购物搜索引擎，以及以数据为中心的云计算服务等，致力为全球所有人创造便捷的网上交易渠道。阿里巴巴集团由中国互联网先锋马云于 1999 年创立，他希望将互联网发展成为使用普及、安全可靠的工具，让大众受惠。阿里巴巴集团由私人持股，现服务来自超过 240 个国家和地区的互联网用户。阿里巴巴集团及其关联公司在大中华地区、印度、日本、韩国、英国及美国的 70 多个城市共有 25 000 多名员工。

阿里巴巴集团主要业务构架如图 2-9 所示。

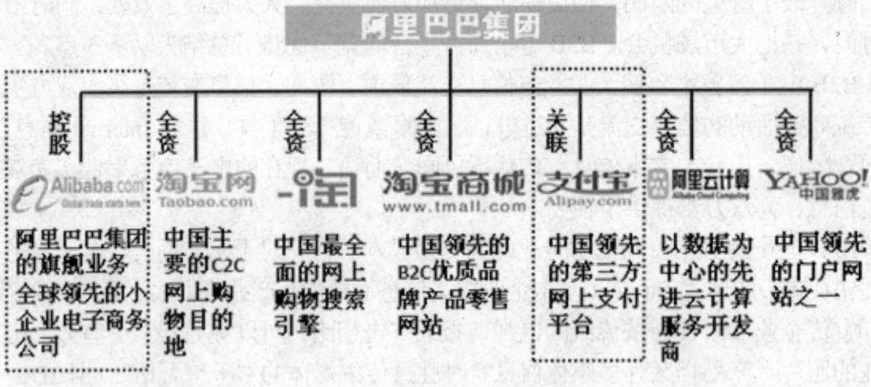

资料来源：阿里巴巴官网

图 2-9　阿里巴巴集团主要业务架构

2．阿里巴巴集团的业务发展历程

阿里巴巴集团主要业务发展历程如图 2-10 所示。

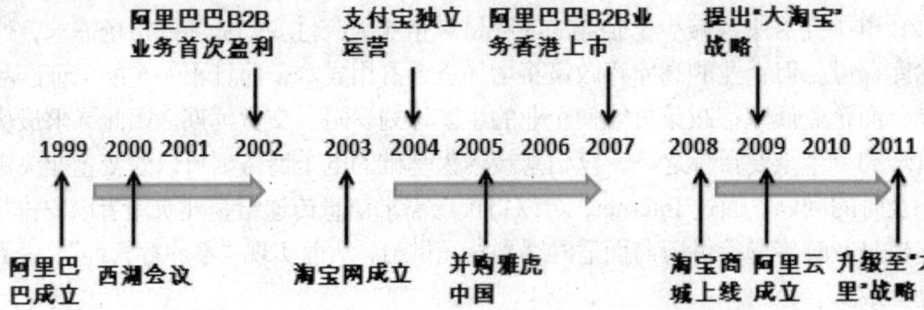

图 2-10　阿里巴巴集团的主要业务发展历程

➢ 阿里巴巴前传

创立阿里巴巴前，马云于 1988—1995 年在杭州电子工学院做英文教师，并在期间创办过海博翻译社（1994 年），一年后从杭州电子工学院辞职，与合伙人筹集 2 万元创办海博网络公司，运营“中国黄页”（被认为是中国第一家互联网商业网站），主要定位为网页设计，当时互联网热潮刚开始在中国风靡起来。

在离开中国黄页后，1997 年年底，马云和他的团队受邀请协助国家商务部建立系列网站，其中包括网上广交会、中国商品交易市场等系列网站，网站的主要模式是将企业的信息和商品搬到网上展示，这是 B2B 的雏形。

➢ 阿里巴巴创业初期：B2B 模式逐渐成型

阿里巴巴成立前，做外贸生意的中国中小企业可选途径一般只有广交会（中国进出口商品交易会）。沿袭中国黄页和外经贸部的经验，阿里巴巴创建后定位“中国中小企业贸易服务商”，为中小企业提供“网站设计+推广”服务，即打造“网络义乌”模式。“网络义乌”商业模式要求有足够的供应商，供应商再吸引买家前来，交易信息由此逐渐丰富。1999 年 2 月阿里巴巴网站上线，7 月会员达 3.8 万名，9 月会员人数增长至 8 万名，库存买卖信息 20 万条，日新增信息800条；截至1999年年底，阿里巴巴的会员人数已超越10万。

2000年10月，阿里巴巴推出“中国供应商”服务以促进中国卖家出口贸易；2001年8月，为国际卖家推出国际站“诚信通”会员服务；2002年3月，为从事中国国内贸易的卖家和买家推出中国站“诚信通”服务；2002年7月，国际交易市场推出“关键词”服务。阿里巴巴的“会员费+增值服务”模式的B2B道路开始清晰。

➢ 从B2B到C2C：布局淘宝、支付宝

2003年年初，在阿里巴巴B2B核心业务盈利稳定后，马云开始寻找新增长点。

2003年5月淘宝成功上线，当时淘宝在C2C市场的主要竞争对手为eBay易趣，2003年eBay易趣在C2C市场份额高达90%左右，并于中国主流门户签订排他性的广告协议。但这并未阻止淘宝的发展，凭借“免费模式”的推出，以及对于用户体验的关注及提升，淘宝网迅速聚拢人气。

随着淘宝网的快速发展，在线购物支付中的信用与安全问题越来越突出，阿里巴巴开始寻求打造自己的支付模式。2003年10月，支付宝上线。支付宝采用担保交易的模式，买家先把货款打给支付宝，当收到货物并检查无误后，再通知支付宝付款给卖家。担保交易彻底打消网购用户的担忧，让购物变得简单高效。2004年12月，阿里巴巴成立支付宝公司，支付宝网站上线并独立运行。

➢ 2005年并购雅虎中国

2005年8月，雅虎通过10亿美元+雅虎中国全部资产获得阿里巴巴40%的股权，通过此次交易后，阿里巴巴业务涵盖电子商务、搜索、门户和即时通信。

阿里巴巴的主要业务是B2B和C2C的电子商务，而雅虎中国的主要业务是搜索和门户，搜索和门户能够为阿里巴巴的主业电子商务提供流量，双方存在纵向整合的协同效应。

➢ 2006—2009年：围绕核心业务的多元化拓展

2006年10月，阿里巴巴完成对口碑网的收购，2009年8月，阿里巴巴宣布在大淘宝的战略下将口碑网注入淘宝网，口碑网的定位从生活资讯转向电子商务的信息服务平台。

阿里妈妈于2007年诞生，其商业模式为“中小网站站长将广告位放到阿里妈妈上如同商品一样销售”，即广告=商品。阿里妈妈的使命被表述为“让天下没有难做的广告”。2010年年初，阿里妈妈更名为淘宝联盟。

2009年9月，阿里巴巴集团宣布成立“阿里云”，目标是打造以数据为中心的先进云计算服务平台。

淘宝的SNS（淘江湖）于2009年4月启动，淘宝SNS让网络购物不再是一对一行为，卖家作为信息源，买家的参与转发扩散形成多层次的传播效应。

2007年6月，阿里巴巴与中国建设银行和中国工商银行联合推出中小企业贷款（主要面对网络商户）。在贷款项目执行过程中，阿里巴巴和银行共同建立了信用评价体系与信用数据库，一方面减少暴露风险，另一方面帮助企业降低贷款门槛。2010年6月，浙江阿里巴巴小额贷款股份有限公司成立。

➢ 战略新走向：从大淘宝到大阿里

2008年9月，阿里巴巴启动“大淘宝”战略，即“大淘宝就是要做电子商务的基础服务商，让用户在大淘宝平台上的支付、营销、物流以及其他技术问题都能够做到顺畅无阻”。

2010年6月，淘宝正式推出“淘宝大物流计划”。与合作伙伴投资千亿元建设覆盖全国的物流体系，以推动社会化物流平台的建设，解决中国电子商务发展的物流瓶颈。

2011年6月，“大淘宝”战略升级至“大阿里”战略。即“大阿里将和所有电子商务的参与者充分分享阿里集团的所有资源，包括所服务的消费者群体、商户、制造产业链，整合信息流、物流、支付、无线以及提供以数据分享为中心的云计算服务等，为中国电子商务的发展提供更好、更全面的基础服务。”

2.2.2 阿里巴巴的运营模式

阿里巴巴网站的目标是建立全球最大、最活跃的网上贸易市场。阿里巴巴具有明确的市场定位，在发展初期专做信息流，绕开物流，前瞻性地观望资金流并在恰当的时候介入支付环节。它的运营模式是遵循循序渐进的过程，依据中国电子商务界的发展状况来准确定位网站。首先抓基础，然后在实施过程中不断捕捉新的收入机会。从最基础的替企业架设站点，到随之而来的网站推广以及对在线贸易资信的辅助服务，交易本身的订单管理，不断延伸。其出色的盈利模式符合盈利的强有力、可持续、可拓展的特点。阿里巴巴网站的运营模式主要有以下几个特点。

（1）专做信息流，汇聚大量的市场供求信息。这是阿里巴巴占领市场的第一步。信息流不仅汇聚大量的市场供求信息，而且为以后的资金流和物流打下了一个坚实的基础。

从功能上来看，阿里巴巴在充分调研企业需求的基础上，将企业登录汇聚的信息整合分类，形成网站独具特色的栏目，使企业用户获得有效的信息和服务。而且在一些栏目上也为用户提供了充满现代商业气息和丰富实用的信息，构成了网上交易市场的主体。阿里巴巴主要信息服务栏目如图 2-11 所示。

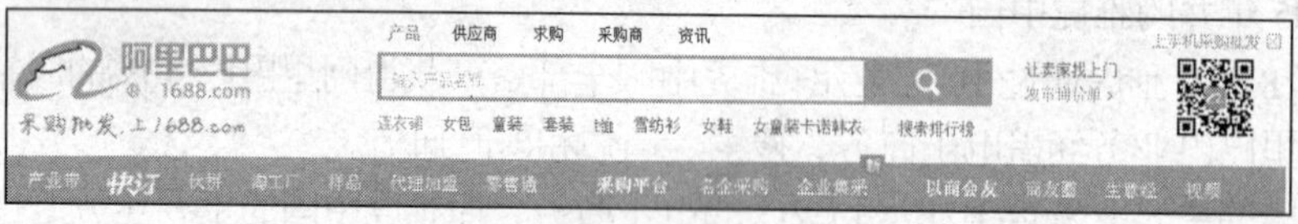

图 2-11 阿里巴巴信息服务栏目

（2）阿里巴巴采用本土化的网站建设方式，并且运用不同国家的不同语言和版本风格，简易可读，这种便利性和亲和力将各国市场有机地融为一体。这些网站相互链接，内容相互交融，为会员提供一个整合一体的国际贸易平台，汇集全球 178 个国家和地区的商业信息和个性化的商人社区平台。

（3）它刚刚进入市场时，所有进入阿里巴巴的会员均以“免费会员制”吸引企业登录平台并注册用户，从而汇聚人气，更多的是带来了商气，活跃市场，会员在浏览信息的同时也带来了源源不断的信息流，从而不断地创造商机。阿里巴巴会员多数为中小企业，“免费会员制”是吸引中小企业的最主要因素。

（4）阿里巴巴通过增值服务为会员提供了优越的市场服务，增值服务一方面加强了该网上交易市场的服务项目功能，另一方面又使网站能有多种方式实现直接盈利。

阿里巴巴提供的增值服务如图 2-12 所示。

采购商服务	供应商服务	阿里巴巴服务
找公司	诚信通服务	淘宝大学
找产品	网销宝服务	阿里贷款
阿里产品导航	应用市场	天下网商
公司黄页	物流服务	24小时在线帮助
	1688 商学院	商人视频

图 2-12 阿里巴巴提供的增值服务

（5）适度但比较成功的市场运作，比如福布斯评选，提升了阿里巴巴的品牌价值和融资能力。阿里巴巴与日本互联网投资公司软库（Softbank）结盟，请软库公司首席执行官、亚洲首富孙正义担任阿里巴巴的首席顾问，请世界贸易组织前任总干事、现任高盛国际集团主席兼总裁彼得•萨瑟兰担任阿里巴巴的特别顾问。通过各类成功的宣传运作，阿里巴巴多次被选为全球最佳B2B站点之一。

在市场竞争将日趋复杂激烈的情况下，中小企业利用网上市场来抓住企业商机。大大小小的企业活跃于网上市场，反过来为阿里巴巴带来了各类真实的供应和需求信息，壮大了网上交易平台。

2.2.3 阿里巴巴成功因素分析

（1）定位信息交流平台，然后在资金流相对解决的时候推出相应的接口工具——支付宝占领先机，并为自己的平台提供强有力的支撑。

（2）传统渠道领域为阿里巴巴提供了强有力的支撑。WTO首任总干事萨瑟兰出任阿里巴巴顾问，美国商务部、日本经济产业省、欧洲中小企业联合会等政府和民间机构均向本地企业推荐阿里巴巴。

（3）“中国供应商”服务的提供。中国供应商是依托世界级的网上贸易社区，顺应国际采购商网上商务运作趋势，推荐中国优秀的出口商品供应商，获取更多、更有价值的国际订单。

这一创新的业务模式主要面向出口型的企业，依托网上贸易社区，向国际上通过电子商务进行采购的客商推荐中国的出口供应商，从而帮助出口供应商获得国际订单。其服务包括独立的“中国供应商”账号和密码，建立英文网址，让全球220个国家逾42万家专业买家在线浏览企业。

（4）支付宝应需而生。为解决电子商务支付环节的安全问题，2003年10月，阿里巴巴首先在淘宝网推出了独立的第三方支付平台——支付宝，正式进军电子支付领域。

总的来说，阿里巴巴网站是一个成功的网上交易平台，它提供来自全球的商业机会信息以及商人交流社区，其所有的供求信息由买卖双方自动登录，会员之间以自由开放的形式在这个平台上寻找贸易伙伴，洽谈生意。可以说在互联网上建立了一个无地理和时间障碍的自由贸易市场，用户从中可获得前所未有的商机。

阿里巴巴所创造的一个又一个奇迹，归因于成功独到的运营模式，更是不断创新的结果。马云从一个大学英语老师变成一位在2013年福布斯中国排行榜排名第八、个人财富增长到433亿人民币的传奇人物，这变化背后，创新驱动起到了关键作用，创新让阿里巴巴战胜了一个又一个看似不可战胜的强敌，并把它们甩得越来越远。

1．草根创新——B2B模式助推小企业

中国中小企业众多，在经济上占有重要位置。但在提升竞争力的过程中，由于信息的不对称现象，中小企业没有能力做广告，难以为消费者所知。因此，面向中小企业产品销售的平台是提升中小企业竞争力的关键。

“弃鲸鱼而抓虾米，放弃那些15%的大企业，只做85%中小企业的生意。”这一直是阿里巴巴和马云奉行的战略。阿里巴巴的横空出世恰逢其时，迎合了市场需求，阿里巴巴B2B能助推广大中小企业把产品更好地推向国内外市场。

2．模式创新——开店免费抗衡eBay

淘宝网成立初期，当时中国最早的C2C公司易趣已经在市场上发展了四年多，随后eBay收购易趣，淘宝面临着国际巨头eBay的市场封杀。为了吸引买家和卖家资源，淘宝在价格、广告、交易体验、会员服务、增值服务等方面做了大胆的尝试和创新。

淘宝的一大杀手锏就是开店免费。当时 eBay 对用户采取收费模式，而且收费的项目比较多，但是淘宝承诺三年免费后，大量的卖家从 eBay 转移到淘宝，淘宝在极短的时间内积攒了大批的客源。

淘宝还特别重视客户体验，寻求更加符合中国网民网络购物习惯的交易模式，淘宝的网络页面设计就尽量满足中国老百姓的习惯。

淘宝坚持与客户沟通互动，支付宝便是来自淘宝用户的建议应运而生的。支付宝具备的支付和担保功能解决了困扰中国 C2C 市场的信用和支付问题。

eBay 为了巩固自身的中介地位，不让买卖双方直接沟通。而为了方便买卖双方的交流沟通问题，淘宝推出了即时通信工具“阿里旺旺”。

淘宝还非常重视论坛社区建设，淘宝认为论坛不只是一种免费、有效的推广工具，而且能增加会员的归属感，增加淘宝的人气。

3．跨界创新——触角伸向金融领域

阿里巴巴涉足的新领域是金融服务，开设阿里小贷和余额宝，由此阿里巴巴的触角伸向了金融领域。

由于银行偏向为年销售额 1000 万元以上的企业融资，小微企业在自筹资金的道路上举步维艰。马云嗅到了其中的商机，依托强大的资金实力，阿里巴巴毅然进入金融领域，成立阿里小贷公司，通过小贷公司，阿里金融在阿里巴巴 B2B 业务、淘宝和天猫三个平台上分别提供贷款服务，无须提供抵押物，贷款金额通常在 100 万元以内。

阿里小贷基于大数据的征信系统。阿里金融与阿里巴巴平台下的其他数据库完全打通，从而使得阿里金融能够从数据后台获取申请贷款企业的网络行为、网络信用等海量数据，用以支持其贷款的信用评估，这使得阿里金融有效解决了传统金融行业针对小微企业贷款存在的信息不对称问题。并且，阿里小贷可以实时监测获贷企业的资金流向、经营状况等，达到控制风险的目的。

阿里小贷采用全网络贷款模式，借贷双方主要通过网上相互联系，无须见面，这就突破了时间和地域的限制，大大提高了效率，降低了借款方的成本压力。

2011 年，马云曾说过一句狠话：如果银行不改变，我们来改变银行。2013 年 6 月 17 日，支付宝旗下的增值服务——余额宝正式推出，迅速在金融理财领域刮起一股旋风。余额宝用户可以在支付宝网站内直接认购基金等理财产品，获得较银行活期存款更高的收益，同时余额宝内的资金还可以随时用于网上购物、转账等。余额宝瞄准的是零钱，用户随时刷手机看到余额宝资金在增加，即使是几角钱，也是一种希望。就这样星星之火开始燎原，余额宝的雪球越滚越大，导致银行的“钱荒”雪上加霜，银行利益受到挑战。

4．研究创新——蓄力进入大数据时代

大数据时代的到来，使中国和发达国家几乎站在了同一起点，中国能不能在大数据应用方面实现翻身，与发达国家并驾齐驱呢？马云用实际行动告诉世人，他要赢在起跑线上，为大数据时代蓄力。

他成立了阿里研究中心。对于电子商务生态这样涵盖极大不确定性的信息经济，信息量巨大，复杂性高，维度广，只有依靠数据，才能捋清其中脉络，不然根本无法下手。而阿里系统的庞大经济量为阿里大数据提供了充足的信息资源。

阿里研究中心里不仅有专门的数据分析专家，帮助研究员发现数据的蛛丝马迹，解决数据难题，更要求每位研究员具备较好的数据采集和处理能力。电子商务是一个互联网的动态概念，封闭性研究只会让自己的路越走越窄。而高校的研究可以提供理论上的支持，社科院所可以解读政策上的要点，阿里研究中心则能获得一手的电子商务案例资料，处于不同位置上的研究主体贡献不同的知识，获得共生的研发成果。

这些年，阿里巴巴集团已经积累了海量的数据，这些数据贴近人们生活的方方面面，并且生动有趣，为阿里研究中心提供了丰富的“矿藏”，并开始受到政府的重视。

通过扎根于中国的商业模式创新，阿里巴巴已经成为一支电子商务中的革命性力量。

2.3　外贸交易服务平台——敦煌网案例分析

2.3.1　敦煌网公司概况

敦煌网（www.DHgate.com）成立于 2004 年，是第一家整合在线交易和供应链服务的 B2B 电子商务网站，是协助中国广大的中小供应商、向海外庞大的中小采购商直接供货的新生代全天候网上批发交易平台。敦煌网致力于打造一个完整的在线供应链体系，直接打通中国上游中小制造企业和贸易商同国外无数中小采购商之间的贸易联系，实现了国际贸易的彻底在线化，为全球的中小企业带来了极具透明化的商业价值。取名敦煌网，也是希望借助敦煌网这个平台，帮助更多的中小企业借助电子商务打开全球贸易网上的丝绸之路。换句话说，敦煌网就是打造中小商家的快速外贸平台。敦煌网拥有 100 多万家国内供应商提供的 2500 万种商品，遍布全球 224 个国家和地区的 400 万买家。每小时有 10 万买家实时在线采购，每 3 秒就产生一张订单。

敦煌网的卖家平台和国际站分别如图 2-13 和图 2-14 所示。

图 2-13　敦煌网的卖家平台

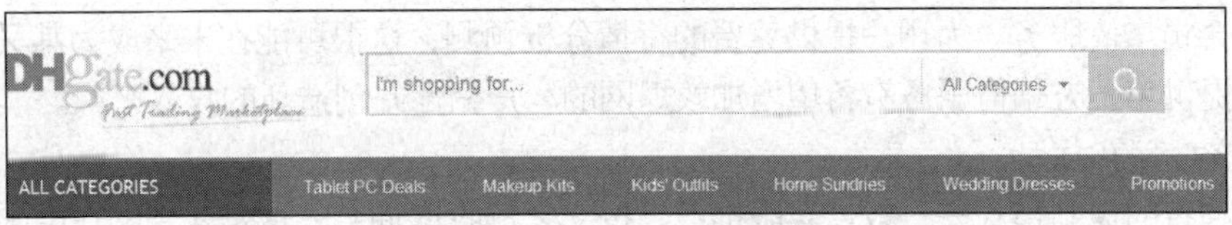

图 2-14　敦煌网国际站

作为国际贸易领域 B2B 电子商务的创新者，敦煌网充分考虑了国际贸易的特殊性，全新融合了新兴的电子商务和传统的国际贸易，为国际贸易的操作提供专业有效的信息流、安全可靠的资金流、快捷简便的物流等服务，是国际贸易领域的一个重大革新，掀开了中国国际贸易领域的新篇章。敦煌网采用 EDM 的营销模式，低成本、高效率地扩展海外市场，自建 EDMSYS 平台，为海外用户提供了高质量的商品信息，用户可以自由订阅英文 DM 商品信息，第一时间了解市场最新供应情况。

2.3.2　敦煌网的商业模式

敦煌网是以在线交易为主的平台，是协助中国广大中小供应商向海外庞大的中小采购商直接供货的第二代 B2B 交易平台。海外大量的中小型采购商都可以直接通过这个平台，选择和采购到中国丰富而廉价物美的商品。敦煌网以交易服务为核心在免费为买卖双方提供信息发布的基础上，主要提供物流、支付、翻译等服务，通过整合产业链，为买卖双方顺利完成在线交易奠定基础。

1．战略目标

愿景：全球领先的电子商务交易平台。

使命：让全球商人在网上轻松交易。

作为在线交易和供应链服务平台，敦煌网努力适应来自内外部的竞争压力，励志成为中国国际贸易领域电子商务的领航者，为中国众多的供应商和中国国际贸易的发展做出最大的贡献。

2．目标用户

敦煌网定位于国内外的小金额买家，是被传统竞争忽视的中小客户。这些买家没有充分的资金来参加各种大型展会，也不愿负担“搜索竞价名”之类的费用；同时还想绕过中间的“盘剥”，直接和供货商进行交易。他们的采购额，每次不过几百到几千美元，甚至几十美元，他们往往被传统的电子商务巨头所忽视，而这些小采购商就是敦煌网的目标客户。

3．产品与服务

（1）敦煌网提供的服务：营销服务、软件应用服务、运营服务。

（2）敦煌网提供的平台：批零经销商平台、供应商平台、品牌经销商平台。

（3）敦煌网提供的相关站点：敦煌网外贸主站、敦煌网中大型采购站、敦煌网品牌精品采购站。

4．盈利模式

（1）向买家收取“交易佣金”。其采用的是产品招商、分类网址和信息整合，付费推荐和抽成盈利，敦煌网的供应商用户采取免费注册，而达成交易后才收费的方式。敦煌网向这些买家收取“交易佣金”，佣金通常是交易额的 3%~12%（即动态佣金，总体平均水平大概是 7%）。佣金的收取比例会根据行业、交易额的不同而有所变化。

（2）向卖家收取广告费。DHgate 广告系统是敦煌网为平台上的广大卖家关注的全新工具。该服务采用了先进的后台技术，对有限的广告资源采用竞价的方式进行再分配。卖家可以公平地在此系统中展开竞价，投放优势广告位，以获取更多的赢单的技术。

（3）会员增值服务。为用户提供免费的行情分析预测，这很可能在未来成为其又一个利润增长点。提供第三方增值服务有希望增加敦煌网的客户黏性并创造新的收入来源。

5．核心竞争力

（1）独特的盈利模式——敦煌客服推荐。按交易额收取佣金，这是敦煌网在中国林林总总的电子商务网站中最突出的特征。

（2）拼单砍价。将大量的需求汇集起来去和供应商谈最低折扣，大量的订单让敦煌网有了很高的议价能力，DHL、联邦快递的费用至少下降了 50%，这些都成了客户无法离开敦煌网的关键。

（3）物流配送方面。敦煌网与 PayPal 等多个国际成熟的支付平台合作，产品在买家验货满意之后，再由敦煌网将货款转至卖家账户，这样就保证了交易安全。而为了加快物流速度，敦煌网不仅整合了 UPS、DHL 这些大型物流公司，甚至还将一些专做欧洲或美国的小型物流公司整合在敦煌网的平台上，交易周期最快能达到 3 天，最多不超过两周，大大提高了买卖双方的周转率。

（4）推荐位竞价投放系统。此系统是 DHgata 敦煌网为平台上的广大卖家开发的一种提升卖家产品关注度的全新工具。该产品采用了先进的后台技术，对有限的广告资源采用竞价的方式进行再分配。卖家可以公平地在此系统中展开竞价，投放优势广告位，以获取更多赢单的机会。

（5）自定义运费、个性化定制服务、完善的产品推荐。

（6）敦煌网解决了在线支付问题的同时，解决了跨度交易的问题，目标市场锁定在中小企业，为其提供了一站式的国际贸易解决方案。

2.3.3 敦煌网的经营模式

敦煌网整合跨境交易涉及的各个环节，并将其纳入自身的服务体系。使得复杂的跨境贸易变得相对简单。更为重要的是，敦煌网提供的各项服务，通过集合效应大大降低了交易双方的成本。敦煌网主要针对海外的 eBay 卖家与国内厂家之间的小额批发交易，该网站的主要功能是帮助国内厂家打通各种贸易通道，与国际快递公司合作，提供诸如报关等服务，同时以批量业务为基础，压低高昂的物流费用。

敦煌网采取的定位策略较高，目标直接锁定阿里巴巴，同时针对阿里巴巴采用设置进入门槛——收取会费，不直接参与交易，仅通过帮助企业在网上发布大量商业信息的盈利模式，取而代之的是采用佣金制，免注册费，只在买卖双方交易成功后收取费用的方式，有针对性地开展竞争。

与 eBay、Facebook 等 SNS 社区形成战略合作关系。2009 年起，敦煌网开始将目标瞄准了海外一些相对成熟的电子商务网站。敦煌网与 eBay 结成战略合作伙伴，通过在 eBay 上做推广，促进 eBay 的海外卖家到敦煌网上去进货。目前，敦煌网上三成以上买家本身就是雅虎、eBay 的卖家，他们直接把敦煌网上的产品资讯复制到自己的网上商铺，实现了无库存销售。同时还利用 Facebook 等 SNS 社区的聚合效应，由一支专业的海外营销团队负责，通过视频、广告、互动活动等多种方式进行宣传。

敦煌网的站内与站外推广：① 搜索优化推广、网站联盟推广、邮件营销推广；② 产品列表位置前推荐位、首页推荐位、行业首页推荐位、促销活动推荐位、DELP 页面推荐位。

总而言之，敦煌网的经营模式就是：打造交易服务平台，推动动态佣金模式；整合各交易环节降低交易总成本；买方付费实行动态佣金；交易环节的服务；网站的宣传与推广。

2.3.4 敦煌网需改进提高的地方及成功之处

1．敦煌网需改进提高的地方

（1）提高经验与知名度。敦煌网是在 2004 年才创办的，比起 1999 年创办的阿里巴巴，有着 5 年的空白，而正是这 5 年的差距，使得敦煌网与阿里巴巴之间有了一定的差距。众所周知，知名度与信誉度都是需要时间积累的，数据显示，不论是反向链接的数量、网站收录的数量还是网站的访问量，阿里巴巴都有一定优势。5 年的时间使得阿里巴巴在 B2B 领域站稳了脚跟，网站也达到了一定的规模，SEO 也做得很成功。敦煌网缺少的是由时间所累积的经验、知名度，敦煌网现在所需要做的就是对自己的网站做进一步的优化，在现在的基础上，提高自己的信誉度。

（2）完善平台建设。由于网站建设的时间比较短，敦煌网的整个平台与阿里巴巴相比略有逊色。

首先是网站的功能化不够强，初次进入网站的用户很容易迷惑。有些功能化模块不能很快地被人们了解。

其次，卖家与买家的分离注册的问题。因为敦煌网是向国外中小企业提供国内中小企业商品的平台，所以敦煌网将买卖双方的注册完全分离。在另一个侧面上，实际是对国内买家与卖家直接交易的不支持。而阿里巴巴则只要注册一次就能登录卖家和买家的账户，为用户提供了便利。

再次，平台的稳定性不是很好，这种现象极容易使用户失去耐性，最终导致用户对网站失去信心。网站的内容建设也是需要思考的环节。

最后，国内 B2B 平台都很好地延伸发展了平台的媒体特性，有自己的新闻资讯频道，提供商人资讯，这一做法虽然跨越了一个单纯交易平台的范畴，但这也是进一步黏住了企业主。而对于推广资金没有阿里巴巴、慧聪网等上市公司充裕的敦煌网来说，如果具备了媒体特性，借此参与到一些活动、论坛中去，在国内供应商市场也是一种有效借力推广的途径之一。

（3）完善信用体系。信用体系一直是敦煌网花大价钱打造的增值服务的一部分，也包括物流系统、支付系统的完善，以及包括语言翻译工具、在线即时通信工具的开发等。敦煌网现又推出了培养和孵化网络商户的动力营培训体系、扶持网络商户和中小企业建立网络外销渠道的快速扶持计划，同建行合作推出基于客户网络交易记录及信用的在线融资服务——“建行敦煌 e 保通”、帮助企业客户销售产品的代销中心以及针对网络商户和企业级客户的快速成长计划等。

2．敦煌网的成功之处

敦煌网的成功之处主要是基于提出并第一个运用对供应商和卖家采用“交易成功收费”的商业模式的应用，使敦煌网在当时打破了阿里巴巴的垄断局面，迅速吸收了国内大量外贸企业的加入，大大丰富了平台的商品，为交易提供了必要的条件。

2.4 科通芯城——用 B2C 的方式做 B2B

2.4.1 科通芯城公司介绍

科通芯城（英文名 COGObuy）于 2011 年成立，隶属科通集团，是中国最大的电子制造业供应链的电子商务平台，也是这一领域首家申请 IPO 的公司，被誉为电子制造业的京东。科通集团创建于 1995 年，2005 年在美国纳斯达克（代码：COGO）上市，是中国最大的 IC 元器件分销商。科通芯城致力于为中国 500 多万家电子制造型企业提供货真价实的具有质量保障的 IC 元器件产品，具有贴身的技术增值服务、安全快捷的在线交易，帮助企业提高采购效率，降低企业的制造成本，从而提高各企业的综合竞争力 。

科通芯城的网站如图 2-15 所示。

图 2-15 科通芯城网站

2.4.2 科通芯城运营模式——用 B2C 的方式做 B2B

科通芯城销售的商品是 IC 元器件，包括电子管、电路板、传感器等。可以把科通芯城细分为工业品 B2B 电子商务。对于这种相对“冷门”的品类，和个人消费者没有任何关系，却有着非常大的市场。IC 元器件看似很小的东西，其应用特别广泛，包括手机、PC、平板电脑、医疗电子、汽车等领域。

走在行业前端的科通芯城，凭借其独特的用 B2C 方式做 B2B 的发展路线，在短短两年内从电子商务行业脱颖而出，成为“工业品电子商务”和“方案型电子商务”的代表型企业。其构建的“在线营销＋在线销售＋线下服务”O2O 一站式电子商务平台，旨在通过自营和第三方平台，以及搭建电子制造业的生态体系，进行大数据积累和挖掘分析，为全产业链提供更加完善的解决方案。

1. 科通芯城的“在线销售＋线下服务”

中国 IC 元器件的市场规模约 2 万亿元，品牌商有 10 万家，销售给 500 万家制造商。大客户主要靠供应商和大代理商自己销售，中小客户由于采购量小且分散，往往只能向华强北和中关村这样的大型集散中心采购，不仅产品的质量没有保障，价格上也没有什么优势，同时由于采购量小，也享受不到大企业那样的待遇。

线下的科通集团，其目标是每年销售额近 100 亿元人民币，上游对接的是 Intel、博通这样的一线品牌商，下游服务的也是华为、联想这样的大客户。规模庞大的中小企业，科通集团远远没有覆盖到。

能不能把中小企业的需求纳入科通芯城，线下的科通集团继续做大客户呢？这样不仅解决了中小企业的采购难问题，也为科通集团再造了增长的“新引擎”。不仅可以继续服务原有的大客户，还可以在线上覆盖广大的中小客户。换句话说，就是既服务“高富帅”，也照顾“屌丝”。

于是完全独立于科通集团的科通芯城成立了，起步的时候，认为应该做一个信息平台，模仿阿里巴巴的模式。在做的过程中，发现科通芯城这种类型的 B2B 电子商务和 B2C 电子商务有很大的不同。对一家去科通芯城下单的企业来说，买之前的决策更重要。需要询价、咨询产品的适配性、发货周期等，和面向 C 端的电子商务比，做 B（Business）端的生意更加复杂。在研究了 B 端的采购习惯和特点后，公司理清了科通的商业模式：不做阿里巴巴那样的黄页类 B2B，而是做一个自营的 IC 元器件电子商务，为几百万家中小企业提供一站式元器件服务。除了提供信息平台，还参与整个交易。这上百万家中小企业，他们本身是 B（Business），但对科通芯城来讲，他们则是普通的 C（Customer）。模式是 B2B，玩法却是 B2C：把海量的企业需求做成长尾，就像天猫、京东这种 B2C 模式。科通芯城服务的这几百万家企业，更像是服务几百万个 C（Customer）。这种模式可以大大提高买家的黏性。因为在整个交易过程中，科通芯城提供了信息、物流、售后等一系列服务，比黄页类 B2B 带来的价值更大。

公司的网站 cogobuy.com 专为电子制造商而设计，让他们能方便地搜索所需的解决方案以及采购所需的 IC 及其他电子元器件（见图 2-16）。他们也可在网站上展示产品清单、解决方案、应用场所、品牌建议、面市新品及特价促销信息，如图 2-17 和图 2-18 所示。

图 2-16　科通芯城商品分类

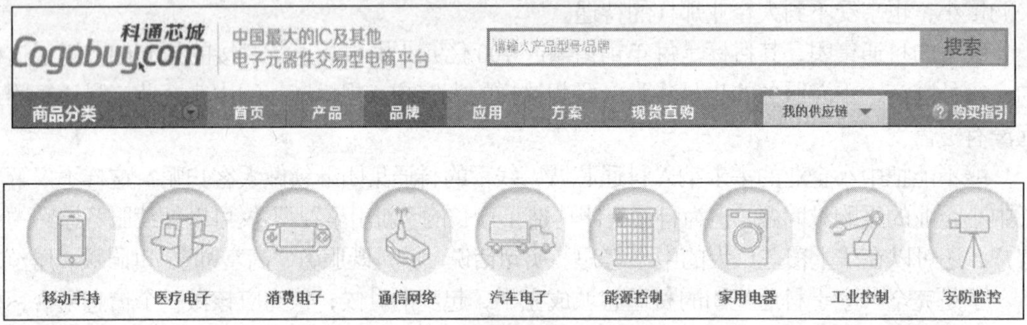

图 2-17　科通芯城的应用场所

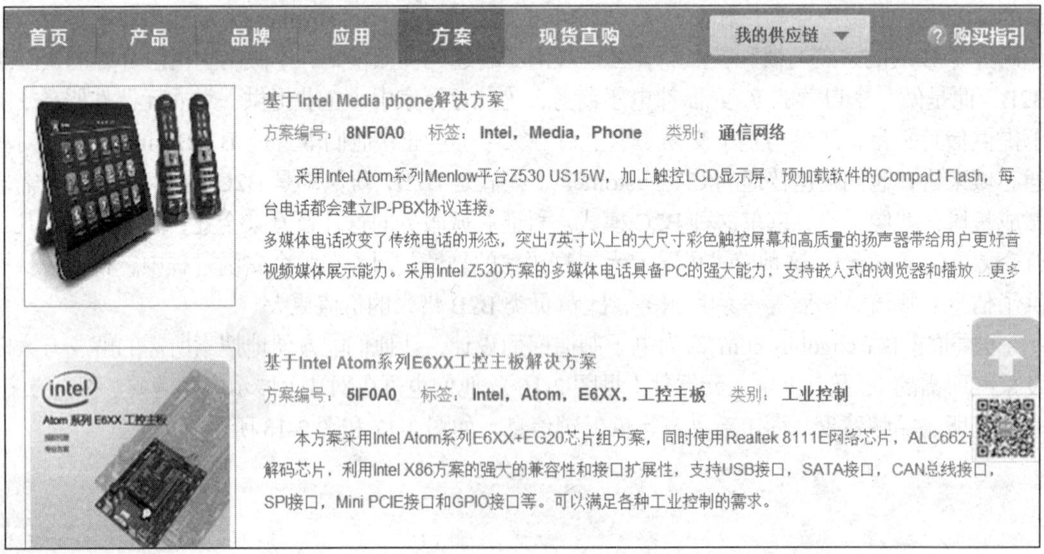

图 2-18　科通芯城提供的方案

网站的认证用户可以通过网站的个人化区域“我的供应链”完成整个订货流程、查阅订单记录及追踪订单状态，如图 2-19 所示。

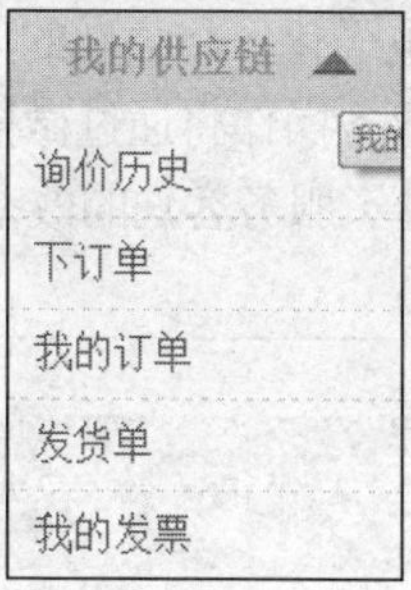

图 2-19 科通芯城的供应链

2. 科通芯城的在线营销

作为面向企业的电子商务平台，B2B 电子商务最重要的是售前，售前是营销、客户拓展的重要阶段，售中是询价、物流、支付这些环节，而 B2B 电子商务最重要的价值是 Pre-sale 的售前环节——通过 360 度多媒体营销新手段，带来更多的增量客户，是 B2B 电子商务的真正价值所在。对科通这种工业品电子商务来说，核心过程可以分为售前、下单、售后。售前大约占了 50%的功能。

科通芯城的 IC 元器件销售占比如图 2-20 所示。

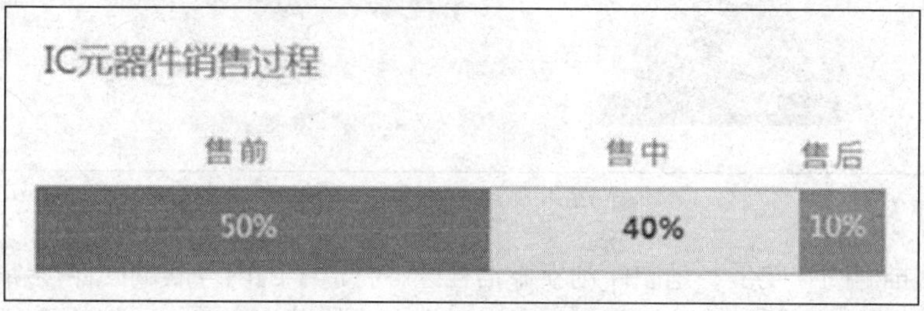

图 2-20 IC 元器件销售占比

在营销宣传上，科通芯城既有传统的方式，也有新媒体的方式。传统的，诸如参加业内的展会、论坛；在新媒体上也进行了创新，科通芯城通过互联网方式，高效运营在线营销模式，以庞大的工程师及技术专家群，尤其是做出采购决定的专家为技术支持，通过移动应用、微博（见图 2-21）、微信，以及备受关注的“硬蛋”微信公众账号等形式，举办产品发布及科技讨论区等新媒体营销活动，促进中国电子工程师和技术专家的观念和知识交流，通过专家社群口耳相传的推荐方式，增加科通芯城的交流小区基础群，提升营销的广度。

图 2-21 科通芯城微博

当前，大多数企业把微信作为二次营销和客户服务的工具，而科通芯城则将“微信”作为第三方营销和服务平台，将企业商务电子化，将复杂的“多对多”的交流过程，变为人机交互的简单指令操作。未来，70%以上的业务操作将通过微信完成，网站将逐步边缘化，通过“小前台，大后台”的系统解决方案，提升了服务客户的效率，增强了用户体验。图 2-22 为科通芯城的 “科通云助手”公众账号。

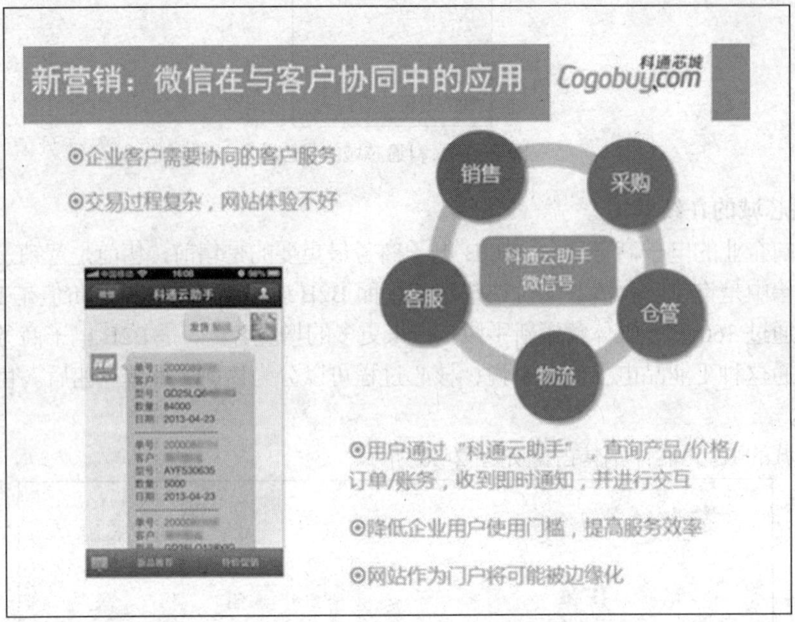

图 2-22　“科通云助手”账号

科通芯城推出的“硬蛋”是硬件创新微信社区，打造了国内互联网硬件创新的第一基地，专注于互联网硬件创新主题的项目展示和产品研发交流的微信社区。聚焦于具有互联网创新基因的硬件团队和产品，通过通俗易懂的科普方式、强大的硬件产业资源整合能力，以及以互联网硬件创新为主线的精品沙龙活动，帮助投身互联网硬件创新领域创业的软、硬件团队解决产品研发、资源聚拢以及供应链保障等各种问题，打造国内最大的互联网硬件创新微信社区。图 2-33 为专注中国硬件创新发展的微信社区——硬蛋（微信号：hardeggs）。

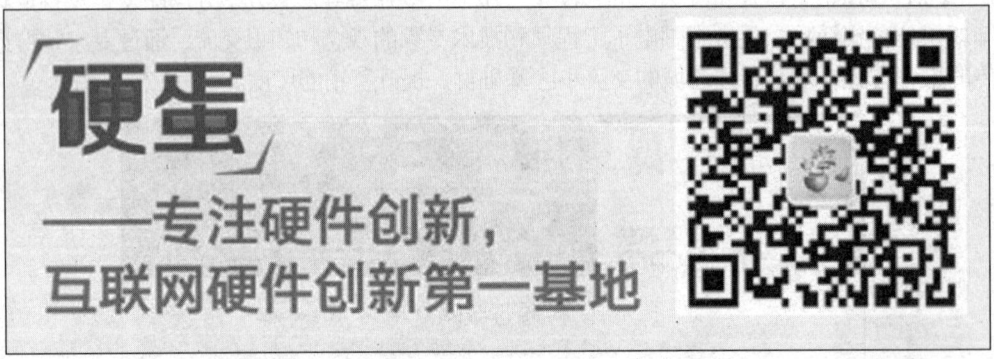

图 2-23　科通芯城微信社区

3. 全产业链资源整合，服务上下游

作为中国首家 IC 元器件自营电子商务，科通芯城把过去 20 年线下分销集成的渠道资源，放到了线上前台，为中小企业提供丰富的正品品牌产品。科通芯城不但满足了下游客户的需求，同时也为上游品牌企业拓宽了客户渠道。不仅在商业价值上便利了上游品牌商与下游生产商之间的交易，更加增进了信息与服务的流动。中国的IC元器件年交易额超过2万亿元，其中30%的交易额由500万中小企业买家创造，科通芯城则可以通过线上渠道把这部分分散的中小企业客户需求集中起来，为品牌厂家拓展更多潜在客户，真正打造了一条一线品牌商和中小企业的桥梁通路。

科通芯城在服务上下游的过程中，掌握了整个产业的交易数据与客户需求，因此，对于整个行业的风吹草动甚至未来发展的趋势，可以通过所掌握的数据进行一手资料的挖掘，并开放给上下游的客户，同时，对于客户的最新服务需求也可以尽早做出预判。

2.4.3 科通芯城模式分析

企业采购工业品的诉求点与普通消费者进行网购的诉求点的差异还是较大的，普通消费者进行网购时一般对价格较为敏感，而企业用户则对品质有着非常严格的要求；普通消费者的网购比较具有随意性，对售后服务的要求也没有企业用户那么高，而企业用户的采购周期性较强，而且不仅品质要求高，售后服务更是系统精细，因此，企业用户采购在客单价和客户黏度方面要比一般网购用户更为优质，科通芯城通过自营模式保证了企业用户诉求点，进行了大胆创新。

第一，原厂正品保证，助力中小企业创新。科通芯城目前拥有近400家国际一线品牌供应商、3000条产品线、50万种产品型号，囊括了移动手持、消费电子、通信网络、汽车电子等九大类应用板块，基本能满足中小企业对于品牌IC元器件的采购需求，而且所有的产品都是原厂直接供应，保障100%无假货。

第二，可视化供应链系统，提升企业采购效率。在服务方面，科通芯城首创在线供应链管理系统——COGOEX，以提供中小企业供应链全过程软件和云端数据服务。科通芯城的目标不单是要做IC元器件在线采购的推动者，还要通过专业的增值服务和行业信息，引领全新的IC元器件采购方式变革，成为真正意义的“一站式”IC元器件采购中心。

第三，规模化采购，降低企业采购成本。科通芯城依托科通集团采购资源，科通集团是中国最大的IC元器件供应商，集团年销售规模近百亿，用户数量过万，规模采购优势明显。科通芯城2011年8月上线以来，线上交易额和客户数都在快速增长，迄今为止，客户数量已过万，科通芯城从产品丰富度、服务能力、客户覆盖数量及品牌影响力已开始全面发力，未来三年，线上服务客户数将超10万家。

科通芯城的模式并不是简单搭一个上下游平台，而是自采自销，从原厂采购，直接面向中小企业用户销售，从收入模式来讲，属于销售模式，以赚取利润差价为主。广泛的下游客户可以从科通芯城的集采模式中获得小买家小批量采购负担不起的价格。更多时候，还不是价格，而是小买家根本拿不到想拿的货。所有的国际元器件大厂都重点供货给大客户。但在消费电子日新月异的今天，消费者需要厂家更快速地进行创新，甚至通过社交媒体平台进行C2B的先有订单、再有制造，这都需要供应链领域对小批量的高质量元器件需求有更快速的反应。科通芯城就应运而生了。

根据易观国际数据，在约300万家电子制造业的强劲需求带动下，中国已成为全球最大规模的IC元器件采购市场，更在2013年创下超过人民币2万亿元的交易总值。在中国，约有3000家大型制造商可直接或通过大型分销商向大型供货商提取优质货品，但数目约只占市场份额的0.1%，余下的99.9%中小型制造商则有待受到更好的服务，这为科通芯城创造了巨大的市场空间。科通芯城一改传统的运营模式，用互联网方式打造中国领先的交易型电子制造业产品电子商务平台，被誉为电子制造业的“京东”。

➢ 以 B2C 的营销方式实现 B2B 的创新式商业模式。

自营平台和第三方平台组成的电子商务平台将前台用户接口与后台云端计算系统整合起来，并通过强大的云端体系，支撑不同业务的运营。

➢ IC 元器件行业的采购量庞大，客单价远高于其他商品，客户重复购买率高。

以 2013 年和 2014 年 Q1 的数据为例，科通芯城每份自营订单平均交易价值（自营总商品交易额除以自营总发货量）分别为约 147000 元人民币及 168000 元人民币。

➢ 通过全程服务，提高供应效率，降低存货风险，维持健康的现金流。

科通芯城提供的服务包括广泛的售前咨询、售中跟进和售后回访服务，以降低撤销订单和存货的风险。科通芯城的产品平均存货天数由 2012 年的 42 天减少至 2013 年的 29 天。

➢ 在大型供货商方面，科通芯城除了向其采购大量 IC 及其他电子元器件外，亦通过售前服务及社交媒体营销，以度身设计的方式有效推广其新产品和新科技。

科通芯城的工业品电子商务模式对资金和专业能力的要求都很高，门槛较高，不适合太小的初创团队。但是对于拥有一定行业资源的企业来讲，切入供应链层面的电子商务，仍然是有着极强的商业机会。科通的案例其实可以给很多传统企业领导或者从业者以启示，只有敢于革命，并拥抱互联网，则会发现新的模式和蓝海。

2.5 拓展案例

欧浦钢网：网上卖钢铁提供全产业链服务

2010 年，乐从被国家工信部授予“国家级电子商务试点”，这是当时全国唯一一个镇级试点。乐从能获得这个试点，除了自身的商贸基础和浓厚的商业开拓精神外，在当时已经出现了一批极具生命力和成长性的电子商务运营商也是一个关键因素。由广东乐从欧浦钢铁物流股份有限公司开发的欧浦钢网就是其中最典型的代表（见图 2-24）。现在，欧浦钢网已经是中国钢铁贸易行业电子商务的领头羊，已经在中国 A 股上市。

1. 依托实体发展电子商务

欧浦钢网的经营模式用最简单的一句话来概括，就是“在网上卖钢铁”。

传统的钢铁交易存在着信息通道单一、市场流通无序、经营不规范、交易成本高、经营风险大等多种不利的因素。欧浦公司看到了其中的商机，在探索中自主研发建设了具有中国特色的钢铁电子商务交易平台，它的主要功能就是通过计算机网络来进行钢铁营销、流通活动。

图 2-24 欧浦钢网首页

2005年欧浦成立，2006年建立华南交易网，成为欧浦钢网的前身，开始试水钢铁贸易行业的电子商务。2010年，是欧浦发展的重要转折点。在这一年，乐从被授予“国家级电子商务试点”，来自国家和各级政府的政策、资金扶持，使得当时已经逐步成熟的欧浦钢网“好风凭借力，送我上青云”。

依托强大实体经济是乐从电子商务最大的特色。欧浦钢网就是将电子商务与钢铁的仓储、物流、加工、销售紧密结合。这种模式的电子商务发展不是无中生有，而是实体经济发展到一定阶段后的必然需求。”

2. 整合产业链实现全国扩张

欧浦的功能不仅是基于买卖双方的交易，更重要的是利用电子信息技术来解决问题、降低成本、增加价值和创造商机的商务活动，包括通过网络实现从原材料查询、采购、产品展示、储运以及电子支付等一系列贸易活动。2010 年欧浦钢网推出“钢材超市”，以现货为基础打造B2B电子商务模式；2011年，开通“网上贷”功能，开启钢铁贸易网络融资的先河；2012年，欧浦成为全国驰名商标，是佛山唯一一家获得这一荣誉的现代化钢铁物流企业。欧浦针对整个产业链的服务内涵不断扩展，远远超越了“网上卖钢铁”这种单一的元素。欧浦公司在乐从建立了全国最大的钢铁物流综合性基地，包括150万吨的钢铁仓储物流区、年加工能力280万吨的钢铁加工中心，以及公共保税仓、商务大厦、运输车队的物流商务配套，并在全国各地布建营运中心和货物交收网络。通过欧浦网这个平台，将这些物流资源“联网”，进行实时管理和统一调配，有效整合了仓储、加工、配送、保税和金融质押等多种服务，大大缩短了流通环节，降低了物流成本，增强了竞争力和扩张性。通过欧浦钢网对产业链的整合调动，欧浦公司迅速拓展了国内市场，实现了全国性扩张。

目前“欧浦钢网”已经实现了钢铁现货的电子交易模式，以电子商务平台为依托，为钢铁生产商、贸易商、钢铁用户提供大型仓储、剪切加工、综合物流服务、金融质押监管、转货、运输、商务配套以及钢铁超市现货交易、钢铁资讯服务等全方位“一站式”的第三方钢铁物流服务。

欧浦钢网的成功吸引了很多国内同行的注意力，许多公司曾经登门学习，但最终这些企业没有成为欧浦的竞争者，而是选择了与欧浦合作。

欧浦从2008年开始将眼光放到了全国的钢铁交易市场。目前，欧浦已经在上海、南京、无锡、天津、邯郸等城市建立了十余个运营中心。加上此前的山东办事处，已扩张到华东、华北以及西北地区。欧浦钢网的先发优势和规模优势已经难以超越。

在传统交易方式中，钢材交易价格的波动，以及中间的批发、运输环节很多，导致最终交易价格很高，在线交易则可以让购买方清楚地看到最新的钢材价格和现货数量，使交易更加透明，今后在线交易占全国钢材交易的比例将越来越高，而靠信息不透明牟利的贸易商将被迫退出市场。目前来看，钢材在线交易的规模与实体交易相比依然很小，这意味着欧浦未来巨大的发展空间。欧浦计划在条件成熟时向相关产业的其他原材料的在线交易领域延伸，比如说塑料、有色金属等，不过这需要其钢材在线交易的市场占有率提高到30%以上。

在欧浦这种用于探索发展新路的企业的引领下，乐从的钢铁贸易行业已经初步探索出了一条依托电子商务实现由传统商贸流通业向现代商贸物流经济转型的新路子。

思考

1. 欧浦钢网成功的因素是什么？
2. 从欧浦钢网的案例中，你学到了什么？

2.6 本章总结

2013 年，在我国电子商务市场交易规模中，B2B 电子商务占比 80.4%，总交易额达 8.2 万亿元，同比增长 31.2%。B2B 相比其他电子商务形式，发展更快、市场更大，这也使得 B2B 电子商务的市场格局由之前的混乱逐渐走向清晰，对企业的服务能力也更加强大。本章选取了具有代表性第一代 B2B 模式和第二代 B2B 模式进行分析，探讨其成功的关键，希望能为企业开展 B2B 电子商务提供借鉴参考。

2.7 课外练习

1. 第一代 B2B 模式和第二代 B2B 模式的区别有哪些？
2. 分析 B2B 电子商务对企业产生的影响。

PART 3

第 3 章 B2C 电子商务案例

本章学习目标

- 了解 B2C 模式的定义、优势、适合的企业类型、对企业产生的影响
- 掌握企业开展 B2C 电子商务的基本流程
- 能够参与设计企业 B2C 业务

3.1 基本知识点

3.1.1 B2C 模式的定义

B2C 是 Business-to-Customer 的缩写，而其中文简称为“企业对客户”。“企业对客户”是电子商务的一种模式，也就是通常说的商业零售，直接面向消费者销售产品和服务。这种形式的电子商务一般以网络零售业为主，主要借助于互联网开展在线销售活动。B2C 即企业通过互联网为消费者提供一个新型的购物环境——网上商店，消费者通过网络在网上购物、在网上支付，如图 3-1 所示。

图 3-1 B2C 网店模式图

3.1.2 B2C 模式的优势

（1）能够对网上商店的商品品质进行统一管理、控制和采购。

（2）对于销售方来说，可以更好地将广阔传统市场中的分散的市场需求集中到网络商户平台，易于实现规模化采购。

（3）对于经营者来说，能够减少传统供应链的中间商环节，从而降低采购成本和销售成本。

（4）对于消费者来说，也获益于减少供应链的中间商环节，从而降低消费成本。

（5）能够统一管理和建立透明的诚信体系，为网民消费提供更加权威和具有参考价值的口碑。

（6）能够丰富网民在线消费的商品种类，提供更贴近网民日常生活的需求，提供生活化和日常化的网络服务。

（7）对于整个网络市场来说，该模式能够开发和积累更丰富的消费需求，形成肥沃的网络经济土壤。

3.1.3　B2C 模式的分类

1. 综合型 B2C 模式

实施综合型 B2C 电子商务模式可以充分发挥企业自身品牌的影响力，寻求产品或服务的新利润点，培养核心业务。综合型 B2C 电子商务模式以综合型 B2C 电子商务网站为运营平台，实际上要搭建一个综合型 B2C 商城。就 B2C 电子商务网站运营现阶段的总体发展状况而言，综合型 B2C 网站建设要进一步细化商品的陈列展示、信息系统智能化等方面。对于新老客户的关系管理，需要精细客户体验的内容，提供更加人性化、直观的服务。选择较好的物流合作伙伴，增强物流实际控制权，提高物流配送服务质量。

综合型 B2C 电子商务网站运营的代表商城是京东商城，如图 3-2 所示。

图 3-2　京东商城

2. 垂直型 B2C 模式

垂直型 B2C 电子商务模式以垂直型 B2C 电子商务网站为运营平台，应当在核心领域内继续挖掘新亮点，积极与知名品牌生产商沟通与合作，化解与线下渠道商的利益冲突，扩大产品线与产品系列，完善售前、售后服务，提供多样化的支付手段。鉴于个别垂直型 B2C 电子商务网站运营商开始涉足不同行业，笔者认为需要规避多元化的风险，避免资金分散。与其投入其他行业，不如将资金放在物流配送建设上。可以尝试探索“物流联盟”或“协作物流”模式，若资金允许，也可逐步实现自营物流，保证物流配送质量，增强用户的黏性，将 B2C 电子商务网站的“三流”完善后再寻找其他行业的商业机会。

垂直型 B2C 电子商务网站运营的代表商城是聚美优品，如图 3-3 所示。

图 3-3　聚美优品

3. 传统企业转型网络零售型 B2C 模式

这种类型的 B2C 模式，需要协调企业原有的线下渠道与 B2C 电子商务网站平台的利益，实行差异化销售，如网上销售所有产品系列，而传统渠道销售的产品则体现地区特色；实行差异化价格，线下与线上的商品定价根据时间段不同设置高低。线上产品也可通过线下渠道完善售后服务。在产品设计方面，要着重考虑消费者的需求感觉，同时大力吸收和挖掘网络营销精英，培养电子商务运作团队，建立和完善 B2C 电子商务平台。传统零售商自建 B2C 电子商务网站销售，将丰富的零售经验与电子商务有机地结合起来，有效地整合传统零售业务的供应链及物流体系，通过业务外包解决经营 B2C 电子商务网站所需的技术问题。

传统企业转型网络零售型 B2C 电子商务网站运营的代表商城是苏宁易购，如图 3-4 所示。

图 3-4　苏宁易购

4. 平台型 B2C 模式

平台型电子商务模式可以帮助中小企业甚至个人，实现自主创业，独立营销一个互联网络商户城，达到快速盈利的目的，而且只需要很低的成本就可以实现这一愿望。从以往的经验来看，B2C 电子商务模式的发展受到的制约因素较多，但中小企业在人力、物力、财力有限的情况下，这不失为一种拓宽网上销售渠道的好方法。电子商务可提供网上交易和管理等全过程的服务，因此它具有广告宣传、在线展会、虚拟展会、咨询洽谈、网上订购、网上支付、电子账户、服务传递、意见征询、交易管理等各项功能。关键是中小企业要选择具有较高知名度、点击率和流量的第三方 B2C 电子商务平台；其次要聘请懂得网络营销、熟悉网络应用、了解实体店运作的网店运营团队；再次是要以长远发展的眼光看待网络渠道，增加产品的类别，充分利用实体店的资源、既有的仓储系统、供应链体系以及物流配送体系发展 B2C 电子商务网站。

平台型 B2C 电子商务网站运营的代表商城是天猫，如图 3-5 所示。

图 3-5　天猫

5. 纯网络商户型 B2C 模式

纯网络商户指只通过 B2C 电子商务网站销售产品的商家，纯网络商户没有线下实体店。纯网络商户的销售模式主要有自产自销和购销两种。

纯网络商户型 B2C 电子商务网站运营的代表商城是 1 号店，如图 3-6 所示。

图 3-6　1 号店

3.2 1号店电子商务之路

3.2.1 1号店公司概况

1号店是国内首家纯网络商户型网上超市，由世界500强戴尔前高管于刚和刘峻岭联合在上海张江高科园区创立。在加入戴尔之前，于刚曾任亚马逊全球供应链副总裁，他对亚马逊的供应链进行改造并取得了巨大的成功；在戴尔，他负责180亿美元的采购。刘峻岭曾被评选为2005年中国IT十大财经人物和2006年计算机世界十大新闻人物。他们二人领导团队，能够取长补短，而且他们持有相同的价值观——为顾客带来价值。公司荣获2011年度最具成长性新兴企业。

2008年7月，1号店网站正式上线。自成立以来，1号店持续保持高速的增长势头，2013年实现了115.4亿元的销售业绩。1号店已成为国内最大的B2C食品电子商务。至2013年年底，1号店可销售SKU（Stock Keeping Unit，库存量单位）已达340万种，覆盖了食品饮料、生鲜、进口食品、美容护理、服饰鞋靴、厨卫清洁用品、母婴用品、数码手机、家居用品、家电、保健器械、电脑办公、箱包珠宝手表、运动户外、礼品等14个品类。2013年年底，1号店已拥有5700万的注册用户，并拥有超过1500万的移动端注册用户。

1号店的首页如图3-7所示。

图3-7 1号店的首页

3.2.2 1号店运营模式

1号店自成立以来，通过合理的运营、精准的定位，现已逐渐成长为国内领先的B2C网上购物商城。它的运营模式可以通过以下几点来探析。

1. 市场定位

电子商务网站的市场定位是否准确，首先产品定位即选择切入的行业非常关键：家电厂商的毛利率在3%～5%，而百货零售业的毛利率却可以达到25%；另一方面，顾客价值定位也非常重要，对于任何一家零售电子商务网站，消费者的客户终身价值 Life Time Value（LTV）才是最关键的指标。通常情况下，B2C网站通过市场营销获得客户所花费的成本绝大多数发生在他完成第一次购买之前。而第一次购买所带来的利润往往远低于这个成本。因此，如果转化的客户不能重复购物就是净亏损。而一般消费者在诸如3C数码等一些垂直B2C网站上所产生的重复交易相对有限，这也是为什么原先许多垂直领域中的B2C网站都在试图向更扁平的百货转型。丰富的商品是提高现有客户重复购买率和客户终身价值的关键。

2. 市场推广

1 号店的市场推广政策主要分为捆绑经营、线上推广和线下推广。所谓捆绑经营，就是与一些流量较大的网站合作，如新浪、天涯等社区，推出“新浪乐居 1 号店”“天涯 1 号店”，为其会员提供服务，进而通过品牌宣传和促销活动将社区上的用户导入 1 号店网站，进而转化成订单，再经由顾客的口碑宣传，二次传播出去。

线上推广，主要是在一些大型网站上投放网络广告，在各大导航类网站、论坛、主流网站刊登广告，甚至与竞争对手合作。此外，在网上办活动，比如举办可爱宝宝之类的线上活动，可以不断为 1 号店增加流量和订单，如图 3-8 所示。

图 3-8　1 号店捆绑 hao123 广告

而线下推广，主要是在地铁站、公交车、小区等人群密集区采用液晶屏广告、目录和直投的方式投放广告，以增加网站的知名度，吸引更多的用户到它的网站上来，如图 3-9 所示。

图 3-9　1 号店的地铁广告

3. 订单管理

1 号店订单管理系统包括从下单、追踪、少货错货查询到供应的连续性管理。随着 1 号店的发展，其订单管理的能力也大大提高，过去处理一个订单需要几十分钟，而现在平均已低于 100 秒。利用系统把大量的订单综合起来，分成波次统一拣货，统一再分解，整个过程非常快。节省了大量的人力成本与时间成本，保证了客户在最短的时间内能拿到商品，同时也大大降低了商品成本。

4. 配送管理

1 号店试图提供给客户一种"新的宅配购物生活方式"。1 号店的经营品类涵盖了食品饮料、美容护理、厨卫清洁、母婴玩具、家居家电等五大类、上万种商品。也就是说，除了生鲜，几乎所有家庭采购清单中会遇到的商品都可在其中找到，而几乎所有商品都比大卖场超市的零售价低，并且还提供一定条件下更人性化的服务，比如上海地区的用户只要买满 100 元，就可以享受第二天免费送货上门的服务。

5. 供应链管理

目前 1 号店的整个供应链管理系统为自主开发。为了解决商品的供销平衡问题，1 号店的库存管理系统对缺货率进行实时监控，当商品库存低于临界点时，系统会自动下单补货。为了便于商品周转，库房中各个商架的摆放位置是根据顾客购买行为分析来确定的。另一个零售业绕不开的挑战是配送，1 号店每单平均商品数为 20 件，是网购平均数的 8 ~ 10 倍。这对于包装和送货速度都是挑战。

3.2.3 1 号店特色分析

作为国内最大的 B2C 食品电子商务，1 号店通过不断地提升顾客体验，在建立优势品类、价格管理、商品质量安全管理、顾客满意度方面取得了优异成绩。

1. 坚持打造核心产品，突出优势品类

1 号店在食品电子商务这块做得最为出色，也是它的核心拳头产品，因此在进口食品市场中，通过与各国机构、品牌直通合作，进口直采等方式，打造了"舌尖上的联合国"，成为国内最大的线上进口食品销售企业。尤其是受到前几年国产奶粉的质量影响，国外品牌奶粉大热，销售数据显示，2013 年 1 号店共售出进口食品 2.5 亿件，其中，日销进口牛奶达 15 个集装箱。截至 2013 年 11 月，1 号店进口牛奶的销量已经占到全国海关进口总额的 37.2%。这意味着，中国每售出 10 盒进口牛奶，就有将近 4 盒来自 1 号店。

2. 注重客户关系维护，提高满意度

2013 年，1 号店的顾客满意度不断提升。1 号店董事长于刚介绍，三年来，通过持续不断的努力，1 号店的 CPO 值（CPO 指 call per order，即每个订单的电话联系次数）不断下降，从 2011 年年初的超过 30%下降到 2012 年年初的 13.9%，至 2013 年第四季度达到了 3.7%。这个数值反映了 1 号店整体购物流程的便捷、商品文描的准确和明晰、系统使用的友好、送货的及时和售后服务的完善。1 号店通过在 CPO 方面的不断优化提升了顾客满意度。

3. 提供更多便捷服务和商品优惠

1 号店很注重会员营销，这和它关注客户 LTV（客户终生价值）的理念是一致的。1 号店有统一的积分体系和制度，大部分商品都有积分，不同商品的积分不同，不同等级会员享受的积分也不相同。会员可以通过购物、参与社区互动赚取积分。积分可以直接用于支付购买商品。此举为客户带来的是更多的优惠，进而加强了客户的满意度和忠诚度。

1 号店新近推出的"服务商城"提供网上缴费、充值、信用卡还款，免费领用体验装商品、抵价券，信用卡积分兑换礼品、信用卡持卡人特殊优惠，以及礼品卡、门票、电影票销售等服务。这个服务对于上海本地消费有一定吸引力，但是要延伸到其他地方会牵涉大量的商务拓展和系统集成，很有可能会遇到瓶颈。

除了 1 号店直接切入用户非常容易发生重复购买并且毛利率也相对较高的日用百货行业外，还把传统零售渠道在实体店铺房地产方面的成本节省下来通过低价、免运费回馈给消费者。这是一个道理非常简单却又包含了真实价值的服务。

4. 发达的配送网点，细化服务

1 号店董事长于刚介绍，经过一年的快速发展，截至 2013 年 12 月，1 号店注册用户从 2012 年年底的 2900 万飙升到 5700 万。在运营稳健扩张方面，1 号店在福建泉州、山东济南设立运营中心，并在广东洪梅开建华南地区最大的自动化 B2C 电子商务仓库，在上海推出“准点达”，并推出“全国包邮”政策；在地域加速拓展方面，在上海地区继续保持快速发展的同时，1 号店在全国一二线城市的拓展脚步进一步加快，京津塘地区销售额年增长率达 162%，广州深圳地区达 169%，西南地区达 136%，华中地区达 209%。

5. 盈利来源较为多样化

1 号店计划近期将仓库开到北京，业务向全国范围扩展。与线下超市一样，1 号店的利润可以分为前台毛利和后台毛利。前台毛利来自商品的进出差价，而后台毛利主要靠厂家返点、上架费、促销费用等。1 号店成立之初，从供应商那里进货很困难，对方给的条件很苛刻。随着规模的扩大，进货越来越容易，拿到的进货成本、返点都在改善。但与沃尔玛、家乐福这样的巨头相比，1 号店仍然很小，这也意味着在相当长的一段时间之内，供应商给 1 号店的返点不可能比家乐福好。

1 号店的另外一个盈利点是为供应商提供营销服务，收取广告和推广费用。这是网上超市 1 号店同时作为一个信息媒体特殊的价值。

3.3 京东商城案例分析

3.3.1 京东商城公司概况

京东是中国最大的自营式电子商务企业，在线销售计算机、手机及其他数码产品、家电、汽车配件、服装与鞋类、奢侈品、家居与家庭用品、化妆品与其他个人护理用品、食品与营养品、书籍与其他媒体产品、母婴用品与玩具、体育与健身器材以及虚拟商品等 13 大类 3150 万种 SKUs 优质商品。2013 年，活跃用户数达到 4740 万人，完成订单量达到 3233 亿。

2010 年，京东跃升为中国首家规模超过百亿的网络零售企业。2013 年 3 月 30 日正式切换域名，并发布新的 LOGO 和吉祥物。2014 年 1 月 30 日晚间，京东向美国证券交易委员会（SEC）承报拟上市的 F-1 登记表格。这意味着京东正式启动 IPO（首次公开募股）进程。3 月 10 日，京东收购腾讯 QQ 网购和 C2C 平台拍拍网。2014 年 4 月 2 日下午，京东集团正式进行分拆，其中包括两个子集团、一个子公司和一个事业部，涉及金融、拍拍及海外业务。由京东创始人刘强东担任京东集团 CEO。

2014 年 5 月 22 日，京东集团（纳斯达克股票代码：JD）正式在纳斯达克挂牌，目前股价（2014 年 6 月 1 日）25 美元，按此计算，京东市值为 340 亿美元。成为仅次于腾讯、百度的中国第三家互联网上市公司。

京东商城的网站首页如图 3-10 所示。

图 3-10 京东商城的网站首页

3.3.2 京东商城的运营模式

京东商城作为国内最大的 B2C 电子商务品牌，成功超越之前的诸多老品牌，其独特之处我们通过以下的运营模式分析进行了解。

1. 风投融资，成功上市

京东商城已经实现了四轮融资。第一轮，2007 年 8 月融资 1000 万美元。第二轮，2009 年 1 月，融资 2100 万美元。第三轮，2011 年 5 月融资 15.31 亿美元，新资金中的 50%将用于仓储、配送、售后等综合服务能力的强化。三轮融资过后，刘强东仍牢牢把持公司控股权。京东 9 个董事席位中，刘强东占有 5 席，雄牛资本、本日资本、高瓴资本和老虎基金各占 1 席。在股份的投票权方面，刘强东个人的投票权亦超过 50%。京东商城 2010 年的商品交易额超过 100 亿元人民币，并计划三年内达到 500 亿元。在 2013 年京东再接再厉，2013 年 2 月融资 7 亿美元，加拿大安大略教师退休基金和沙特亿万富翁阿尔瓦利德王子控股的王国控股集团以及公司一些主要股东跟投。自 2007 年以来，京东经过前后四轮股权融资，共计获得资金 22.62 亿美元，以融资时的市场汇率计算，四轮融资金额折合人民币共计约 138 亿元，如表 3-1 所示。

表 3-1 京东商城四轮股权融资

时间	融资额	出资人
2007 年 8 月	1000 万美元	今日资本
2009 年 1 月	2100 万美元	今日资本、雄牛资本以及亚洲著名投资银行家梁伯韬的私人公司
2011 年 5 月	15.31 亿美元	俄罗斯的 DST、老虎基金等六家基金和一些社会知名人士
2013 年 2 月	7 亿美元	加拿大安大略教师退休基金和沙特亿万富翁阿尔瓦利德王子控股的王国控股集团以及公司一些主要股东跟投

通过不断融资壮大了京东的资本实力，使得京东能够在激烈的市场竞争中保持领先，同时也能够不断扩大自身的业务范围。

2. 通过供应链管理体系建立，获得市场先机

供应链体系对于任何行业来说都至关重要，尤其是对于零售行业来说更是如此，不断提高存货及现金的周转率才是王道。沃尔玛通过自有卫星系统，把库存周转率控制在 30 天左右；苏宁和国美做到 40 天；电子商务企业亚马逊是 7~10 天；京东商城库存周转率为 10 天。京东商城牢牢把握供应链效率和成本控制两个要点，以强大的 IT 系统消化每天发生的实际订单数几十万个，在线销售的产品品类数万种，产品价格比线下零售店低 10%~20%，库存周转率为 10 天，做到与供货商现货现结。与此相对，苏宁和国美的库存周转率为 40 天左右，付账期为 112 天。因而，京东商城能向产业链上的供货商、终端客户提供更多的价值空间。京东商城的供应链主要有采购系统、销售系统、支付系统和配送系统。

（1）采购系统。京东商城所售产品都是正规进货渠道购进的正牌商品，采购中心设在北京和广州。

（2）销售系统。消费者主要通过 B2C 网站购买，少量通过电话订购。京东商城对所有商品开具正式发票，以保证售后服务的有效性和可靠性。

（3）支付系统。支持货到现金支付、货到银行卡支付、在线支付、邮局汇款、银行电汇和公司转账等多种支付方式。

（4）配送系统。提供快递、普邮、EMS、中铁快运等配送方式。在北京、上海和广州市区的配送由自建的配送体系完成，其余地区外包给第三方物流公司。另外，还在部分地区设立货物自提点以及在一些高校招收校园代理解决了面对高校学生群体的进校难的服务难点。京东商品的整个流程能进一步细分为 34 个环节，目前自己能够控制其中的 60%，京东正努力改进其供应链管理水平，争取达到自己能够控制 80%的理想水平，并进一步做好成本控制。

3. 用“美丽说”导购社交型网站为京东商城引流

在知名的导购社交型网站美丽说上面，我们能够清楚地看到二者的合作关系，作为购物平台最近几年催生的衍生品，导购型网站能够实现精准分享和引领潮流，吸引了众多的年轻消费者群体，成为新兴网站。通过与这样的网站合作，加强了京东商城的时尚气息，既丰富了网络推广渠道，也增加了网络流量来源渠道，如图 3-11 所示。

图 3-11　美丽说与京东合作

4. 移动客户端互联网推广

移动互联网市场是目前网络市场发展的必然趋势，得手机端用户者得天下。所以为了尽快占领移动互联网市场，京东推出了一系列激励网民下载安装手机客户端的举措，如图 3-12 所示。

截至 2013 年年底，其移动客户端累计激活用户数已经突破 1 亿，为京东带来了约 15%的订单量。京东方面表示，京东移动客户端日活跃用户达到 600 万，月活跃用户量达到 3000 万，移动客户端引入订单量占京东整体的 15%。在 2013 年的双十一期间，京东移动客户端单日引入订单量是去年的 6.4 倍，其中母婴、食品、家居及厨具等品类在移动客户端增长明显。与此同时，京东移动客户端未来还将推出“试穿试戴”功能。

图 3-12　京东移动客户端

3.3.3　京东商城存在问题分析

所谓树大招风，京东也仍然有很多的问题和麻烦需要去解决。从以下几点可以看到京东的问题和未来的走向。

1. 超强融资能力与资金链断裂疑云

一方面，人所共知的是京东商城自 2007 年以来经过四轮股权融资之后，直到 2014 年 5 月上市，光是股权融资就达到 22.62 亿美元，折合人民币约 138 亿元。另一方面是 2007 年京东获得首轮股权融资以来，京东商城一直处于亏损状态。电子商务向来以“烧钱”著称，2012 年以来，市场屡屡曝出京东资金链即将断裂的传闻。就是这样一个持续烧钱、亏损的企业却不断有人投钱进去，这更说明了它的魅力。究其背后原因，之所以会在开始股权融资就发生亏损，主要还是因为有了更多的资金的京东不断地在拓展其新的业务，包括物流、信息系统投资、品类扩张、平台建设等。这是为了其今后的长远发展而布局。

2. 物流配送的问题

京东商城想在物流配送服务方面做得更加出色，别人满足不了它的需求，就只能自建物流配送仓库和网点了，但是此举不可避免地陷入了物流网点建设的沉重负担中，这就存在一个博弈的问题了。目前京东采取的还是比较折中的方法，也就是既有自建网点，又有第三方外包，两者合作的模式。因为越到配送网点密集的末端，其利润越难以支撑网点的成本，比如场地、人员、设备等。所以，目前物流配送的问题就在于如何控制投入成本，又能够尽可能地提高服务水平。

3.4 天猫 B2C 电子商务案例分析

3.4.1 案例引入

天猫商城 2013 年“双十一”运行时间及交易数据如图 3-13 所示。

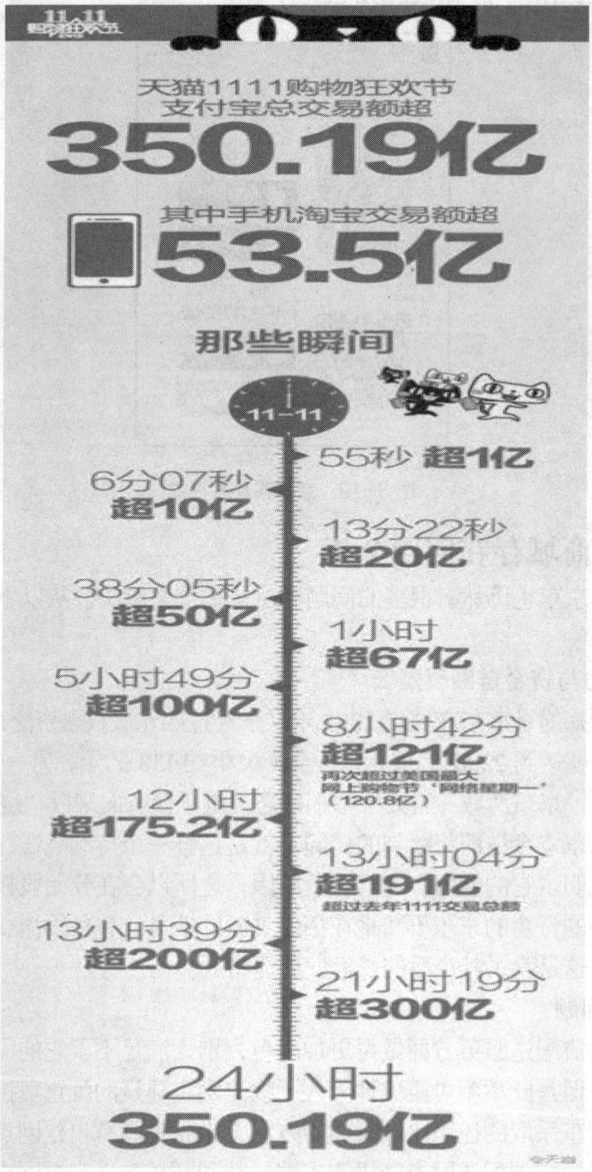

图 3-13 天猫商城“双十一”运行时间及交易数据

上述一系列疯狂的数据由谁制造，由谁来引领的，答案就是天猫商城，“天猫”（英文：Tmall，亦称淘宝商城、天猫商城）原名淘宝商城，是一个综合型购物网站。2012 年 1 月 11 日上午，淘宝商城正式宣布更名为“天猫”。2012 年 3 月 29 日，天猫发布全新 LOGO 形象。2012 年 11 月 11 日，天猫借“光棍节”大赚一笔，宣称 13 小时销售 100 亿，创世界纪录。接下来的 2013 年 11 月 11 日的天猫数据更加疯狂。具体的数据详如图 3-14 所示。

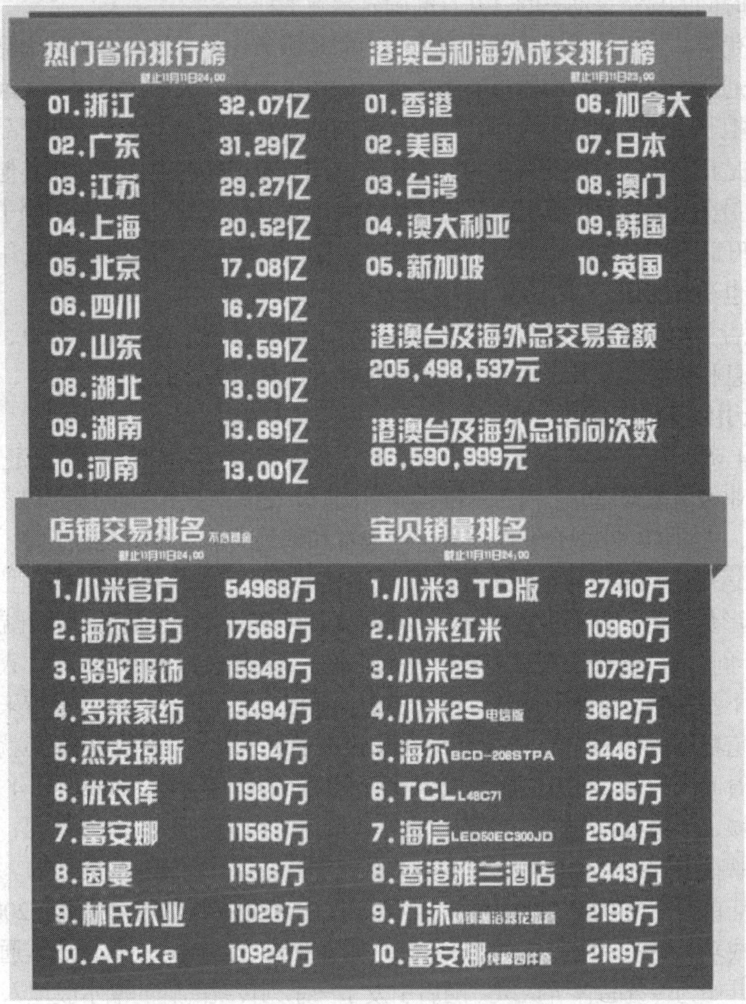

图 3-14 天猫 2013 年“双十一”数据图

天猫是淘宝网全新打造的 B2C 平台。其整合数千家品牌商、生产商，为商家和消费者之间提供一站式解决方案。提供 100%品质保证的商品，7 天无理由退货的售后服务，以及购物积分返现等优质服务。2014 年 2 月 19 日，阿里集团宣布天猫国际正式上线，为国内消费者直供海外原装进口商品。

3.4.2 天猫运营模式

1. 积极打造诚信体系，在淘宝基础上升级

（1）信用评价无负值，从 0 开始，最高为 5，全面评价交易行为。

（2）店铺页面自定义装修，部分页面装修功能领先于普通店铺和旺铺。

（3）产品展示功能采用 Flash 技术，全方位展示产品。

（4）全部采用商城认证，保证交易的信用。

2. 通过特色服务树立自身优势

（1）商品优势。淘宝的商品数目有了明显增加，从汽车、电脑到服饰、家居用品，分类齐全，更设置了网络游戏装备交易区。作为拍卖网站，其突出的优点是，如果商品的剩余时间在

1 小时以内，时间的显示是动态的，并且准确显示到了秒。

（2）服务优势。天猫比普通店铺更有吸引力的是服务，不光是大卖家和大品牌的集合，同时也提供比普通店铺更加周到的服务。①七天无理由退换货：天猫卖家接受买家七天内无理由退换货，无须担心买到的商品不合适，或者买到的商品和实际相差太大。②正品保障：天猫卖家所卖商品都是正品行货，接受买家的监督和淘宝的监督；③沟通优势：与其他即时通信工具不同的是，会员在交易过程中感觉到轻松活泼的家庭式文化氛围。其中一个例子是会员及时沟通工具"淘宝旺旺"。会员注册之后淘宝网和淘宝旺旺的会员名将通用，如果用户进入某一店铺，正好店主也在线的话， 会出现"和我联系"（掌柜在线）或"给我留言"（掌柜不在线）的图标，可与店主及时地发送或接收信息。"淘宝旺旺"具备了查看交易历史、了解对方信用情况等个人信息和头像以及多方聊天等一般及时聊天工具所具备的功能。

3. 大力吸引线下传统品牌入驻

2008 年 4 月，淘宝商城上线。从上线之初，淘宝商城就明确延续阿里巴巴集团搭建平台的理念，为企业级商家构建电子商务基础设施。同时，随着人民币升值压力和宏观经济短期内不确定的增加，大量的中小型企业面临着生产成本和销售成本双向增加的压力，电子商务这种新经济手段的运用，将会显著地帮助企业降低销售成本——淘宝商城为中小型产业集群提供了在严峻经济形势下的一种新生存可能。 2009 年，传统品牌电子商务之路开启。坦率地讲，2008～2009 年间，电子商务对于大多数传统企业而言，就像蒸汽机出现初期，人们担心火车导致鸡受惊吓不下蛋一样，还处于观望阶段。传统企业担心涉足电子商务容易带来渠道冲突，损失掉线下的渠道格局。无论如何，一批传统企业迈出了第一步。李宁从 2008 年就进驻当时的淘宝商城，很短时间内，李宁官方旗舰店成为其所有店面的销售冠军。2009 年 4 月，日本优衣库进驻淘宝商城，半年后的 11 月，优衣库官方旗舰店月销售额突破 1000 万元，优衣库这个日本休闲服装品牌在中国经营 9 年后，终于一举在淘宝商城打开中国市场的局面。2009 年 7 月，联想官方旗舰店单月交易额破 1000 万；同年 10 月，杰克琼斯进驻淘宝商城。2009 年，李宁在淘宝商城上的成功为更多传统品牌树立了标志。淘宝商城平台 B2C 高效低成本通路和直接抵达消费者的模式开始为传统品牌所认识。随后引发了一系列传统品牌的潮水般地入驻天猫平台。

3.4.3 天猫模式分析

天猫致力于构建一个网络购物的巨大的商业生态圈系统，为商家提供电子商务的整体解决方案，为买家提供一站式的购物体验，同时通过开放平台等方式吸引更多的企业为商城平台上的卖家和买家提供各种各样的服务，使商城不仅仅是一个买卖的平台，而且还是一个生活的舞台，也就是电子商务网络购物生态圈系统。

我们把天猫提供服务平台的企业看作是一个 B，把平台上商品的提供者，也就是生产商或者代理商看作是另一个 B，而消费者是 C，所以这种网上零售的模式称之为 B2B2C 模式。B2B2C 模式来源于目前的 B2B 和 B2C 模式的演变和完善，是把 B2B 和 C2C 完美地结合起来，通过 B2B2C 模式的电子商务企业构建供应链系统，提供统一的服务。B2B2C 商业模式的精髓就是平衡和共担，就是平衡 C2C 模式的高数量低质量和 B2C 的低数量高质量，就是与淘宝商城的商家共担成本，降低风险。B2B2C 把"生产商→经销商→消费者"各个产业链紧密连接在一起。开展 B2B2C 模式不是简单的开放自己的平台那么简单，天猫商城要想走好 B2B2C 模式之路，还有很多的硬工夫要下。

1. 海量用户

海量的注册用户和巨大使得销售额是支撑平台的基础，做 B2B2C 平台，一定是自己先培养出海量用户群，把海量用户共享给商家，吸引的优质商家入驻；反过来优质商家入驻越多，注册用户就会越多，销售额就越大，这个平台也就越有价值，三者之间是相互依赖的关系。亚马逊在开展平台业务时已经拥有几千万用户量的支撑，天猫共享了淘宝网的用户群，注册用户数量比较大，在这方面形成了较大的竞争优势，但是不容忽视的是其他的平台站点的潜力。QQ商城有6亿QQ用户的支撑，可以在短时间形成巨大的用户群。乐天最大的优势在于有百度搜索引擎的支持，可以掌握网站的入口，因此天猫要继续在用户量下工夫，维护其市场主导地位优势。

2. 挑选优质商家

优质商家的作用是不言而喻的。B2B2C平台能否满足消费者的需求，商品质量是否合格、能否提供优质的服务等都要依靠优质的商家来完成。因此优质商家对于平台是至关重要的。天猫商城在运作初期，为了吸引商家，降低了入驻要求，导致商城中商家泥沙俱下，商品参差不齐，商家推广成本高，价格PK激烈。天猫商城应加强对品牌商和大代理商的招商，吸引更多的优质商家，同时应该不断地对现有商家进行监管考核，提高商家的素质水平，摒弃劣质的商家，去劣存优。

天猫模仿亚马逊的SPU模式，采取“产品编码（TSC）”进行产品同质化管理，但是在细节远远不能满足消费者的购物体验，对同质化产品的处理也无有效的机制管理，消费者在天猫商城的选择有些无从下手，经常出现天猫商城同质化的商品实际上为多款不同的产品。而京东商场在招商的时候通过同一品牌只招一个卖家的方式避免了商品同质化。如何平衡两者之间的关系，天猫商城还需要不断地探索。

亚马逊为联营商家提供包括物流、建站系统、营销、云、OPENAPI等一系列第三方服务任商家灵活选择搭配，使商家可以利用亚马逊的强大资源为用户提供最优值的服务；天猫认识到开放平台的重要性，提出大淘宝战略，发布“淘宝合作伙伴计划”，召集各方面的电子商务外包供货商，在IT、管道、服务、营销、仓储物流等电子商务生态链的各个环节，为淘宝卖家、中小企业提供个性化产品和个性化服务，共同推进电子商务生态圈发展。但是在目前由于实力有限，很难有实际行动，未来的路还很远。

3. 物流建设

亚马逊和乐天的成功，都借力于本国强大的物流配送体系，作为消费者购物体验的最后一个环节，物流的速度、效率、质量至关重要，但这却是中国电子商务发展的软肋。从中国物流业的现状来看，我国物流行业的主力军是民营企业，实力普遍较差，物流远远跟不上电子商务的脚步，成熟度远不能满足电子商务快速发展的需求。经过网络购物迅猛发展的冲击，其接单能力和运输能力已经达到极限，在短时间无法跟上网上购物的发展速度，在未来很长一段时间内这种状况有进一步恶化的可能。为了能够较好的地解决这个瓶颈问题，天猫还需要另辟蹊径。马云的大淘宝战略的第三乐章在解决这个问题做出了尝试。日前阿里巴巴集团公布物流战略，阿里巴巴及其金融合作伙伴承诺一期投资200亿元人民币至300亿元人民币，其中阿里集团自己出资100亿元，逐渐在全国建立一个立体式的仓储网络体系。淘宝将通过大物流计划全面打通淘宝内外部商家的数据信息信道和物流仓储配送管道，提供整体物流解决方案。例如，他们将提供统一配送服务，统一包装、发货；基于区域仓储配送，将全国快递变为区域配送；在指定区域内提供个性化的配送服务等。淘宝大物流计划的推出将全面降低商家日常运营的管理成本。买家可以跨店铺，多次购买，一次收货，只付一次运费。当B2C发展迅猛，却遭遇产品种类不丰富、成本高的瓶颈时，当C2C模式占据80%的市场份额，却在物流、产品质量、服务上备受诟病时，到底什么模式适合中国国情？B2B2C模式似乎是一条出路，这种模式求得数量和质量的平衡，与成熟的品牌商家共担成本和风险。B2B2C 平台的成功需要一整套电子商务解决方案。天猫和国内其他电子商务企业要走好 B2B2C 模式的道路，必须不断在以上几个方面努力，庞大的用户基础，拥有完善的基础设施，涵盖推广、支付、仓储、配送售后各个环节的庞大支撑系统，品牌商只需要负责销售产品。

4. 转型升级，五化战略

2014 年天猫是重销量还是重格调一直是许多人讨论的问题。4 月 15 日，天猫召开以“尚天猫，就购了”为主题的战略发布会，明确宣布 2014 年天猫将把品牌时尚化、行业垂直化、会员价值化、无线个性化、服务分层化“五化”作为战略方向，其中品牌时尚化最为重要。这五化战略的提出也基本确定的天猫接下来的主攻方向了，首先肯定是大数据的挖掘。即针对不同层次的人群来提供不同层次的服务，当然这也是未来区分电子商务平台好坏与否的重要标准，这也符合了会员价值化和服务分层化的战略方向；然后就是海外大品牌的引进。但是引进并不代表着时尚，关键是如何让海外大品牌本土化，这个问题很难解决。最后就是移动电商的发展。即无线个性化，这也是今后电子商务的发展趋势，未来 PC 端的功能肯定会全部搬到手机移动端，因为它突破了空间，时间的限制，这一点就是一个很大的飞跃。

3.5 拓展案例

遂昌模式

遂昌馆作为“特色中国”项目的第一个县级馆正式开馆（见图 3-15）。值得注意的是，遂昌馆上线不仅打破了特色馆项目分省开馆的惯例，还创造了一个被广泛提及的名词，研究电子商务及农产品品牌的专家称为“遂昌模式”。

图 3-15 遂昌馆开馆仪式

阿里集团研究中心研究员陈亮认为，遂昌跟河北清河、江苏沙集、义乌青岩刘这些知名的“淘宝村”最大的不同在于，这里通过电子商务销售的是“在地农产品”。尽管全国其他一些乡镇的特色产业各不相同，甚至现有的 4 个特产馆均采用了不同的运营方式，但只要涉农的核心未变，“遂昌模式”就有可能推而广之。

"特色中国"项目负责人余玲兵则将目前5个特色馆总结为三个发展阶段：湖北、贵州、新疆馆为第一阶段，核心为大规模的TP商代运营；四川馆为第二阶段，核心是立体式发展；遂昌馆则代表了第三阶段。

第三阶段的最大特色首先在于县级政府政策的倾斜——政府主导制，然后是行业协会资源优化利用的运营方式——"麦特龙"。

1. 小城遂昌的电子商务基因

遂昌县委书记杜兴林在总结遂昌的特点时，重点提到了悠久的历史和文化以及优越的生态环境，这是遂昌下决心发展特色农产品的关键。而《舌尖上的中国》对于遂昌县想要打的文化牌来说，则是一个良好的契机，尽管这部纪录片里介绍了许多中国各地的特色美食，但真正将影响力利用起来的只有遂昌。

在综合了自然环境、产业格局、当地文化、居民认知等因素后，遂昌县坚持的生态农业、农业产业化、农村信息化等发展思路给农产品电子商务带来了最有利的政策环境。

这些政策继而促成了2010年遂昌县电子商务协会的成立，以及全民动员与2012年全县1亿元的电子商务交易总额。

"政府对新生事物全力扶持，形成政府与市场真正的互动，促进这件事情向上发展和越来越好地发展。这是一种模式，而不是企业的单打独斗，实践证明，一头冷一头热是很难的。"杜兴林说。

而具体负责筹备电子商务协会的副县长赵文明则表示，即便认清了发展方向，但电子商务对于现有的政府职能划分来说也是相当大的工程。困难就在于涉及的部门行业太多，为电子商务协会审批办公场地、仓库、线下体验店，都需要农林牧渔、工商税务、经贸局甚至土地局各部门的配合，遂昌县干脆派出一名副县长统筹全局。

"我们的经历对于其他有意开展电子商务的市县的确有示范作用。"赵文明说。

2. 小卖家协会与"麦特龙"

农户、专业合作社、网店协会、网络商户、平台、消费者，不同的农产品电子商务运营思路，都或多或少地会涉及以上6个参与者角色，而每个角色能够发挥的作用却不同。

如果以网络商户为主，则农户的利益很难保证；而以消费者为主的以销定产，则依赖于成熟的数据库和买家分析，因此遂昌选择了提供服务和基础设施建设的网店协会模式。

起初建立协会模式的目的是为了避免网络商户间的恶性竞争，甚至欺诈或者不诚信行为的发生。"我们必须要有网络商户协会，真正发挥管理的作用。"赵文明说。

而在2010年网店协会成立前，遂昌的"全民淘宝"就已经开始，卖鞋垫、卖茶叶、卖笋干、卖龙泉剑、卖青田石……各网络商户涉及的行业不同，客户群体也不同，当然水平也是参差不齐的。

"比起直接收编大店，或者凭空建立新店，协会与店主的互补能够在不失去原有客户积累的情况下，发挥协会的仓储物流以及网店运营能力培训功能。"网店协会会长潘东明说。

"自从2010年开课以来，协会培训了近3000人，大约有三分之一的学员开店成功。因此，如果把协会比作一所学校，这就是一个实践性最高的学校，不仅教授给学员理论知识，还把商品拿给学员亲自去卖。"潘东明说。

协会的分工有四个主要部分：一是会员管理部，负责对网络商户会员的培训和维护；二是仓库管理部，这也是网店协会下属的"麦特龙"仓储式超市人手最多的部门；三是ERP及技术部，主要工作是保证各会员的店铺与遂昌馆主页商品之间的订单传输；四是旅游信息咨询部。

"尽管我们的旅游信息部只有四个人，但这也是看到了四川馆的创新尝试后才设立的。遂昌馆想要跟消费者传达的很重要的一点是——'来遂昌'。特色馆涉及的主要商品包括生态农产品、本地特色食品、竹炭制品、高山茶、景点门票。"潘东明向采访记者说。

政府给协会批准的实业，除了一整幢遂昌网店协会会员服务中心外，主要是"麦特龙"的仓库及线下超市，还包括配送分销人员，对所有的商品采取统一入库并且在当地有线下店，只是店内商品价格分零售价和淘宝价。

"有些类似于麦德龙和天猫超市的变体，分销商来店内选货不用经过私人仓储和物流环节，直接在线上下单，然后通过免费的公共仓储安排发送。"这两大组成部门共有70多人，提供从上游到下游的系统化解决方案。

3. 特产电子商务模式阶段性总结

整个2012年，淘宝"特色中国"项目开辟了5个特色馆，业界人士认为淘宝基本找到了未来特产馆可能采用的模式："电子商务原本就是物流、信息流、资金流的整合过程，因此特产做电子商务除了要保证这'三流'的有效畅通外，其他不同点都在于运营方式上，而这些就要根据各地的条件而定。"

湖北馆、新疆馆是典型的大型TP主导的代运营模式，运营商的盘子铺得很大，但是竞争环境同样激烈，尤其是新疆馆，尽管争取到了果业集团和建设兵团的支持，但总体上新疆还存在其他强势的竞争品牌，因此代运营模式下，要么采取帮助知名品牌分销的方式，要么就重新建立全新的本地商品品牌。这样一来，消费者认知就可能是一个漫长的过程。

贵州馆采取的是省政府直接主导，由知名品牌提供货源的方式，因此对于代运营的前端营销能力要求不是很强，也不需要对贵州本地文化有深入的理解，仅仅能保证物流方面的客户体验，就基本上成功了。

比如"聚贵州"专题开馆预热当日，交易额接近3000万元，16家店的单日销售额超过10万，如果按照特产类店铺的行业平均水平，通常要1个月左右的时间才能达到这样的金额。而高额的成交数字背后，茅台酒功不可没，但这也是其他省份难以复制的。

四川馆采取了类似的TP商全托管形式，但最大的不同是首次引入了特产馆与淘宝旅行和本地生活频道的合作，将吃喝玩乐、衣食住行结合在一起。

四川馆的TP商负责人陈安利介绍说："吃喝玩乐原本也是四川吸引外地游客的重要原因，因此我们加入O2O的概念，更能吸引游客来四川。"

早期的"特色中国"主要是以地方特产为主，后期则出现了电子商务对其他行业的立体式拉动，在四川馆开幕后，峨眉山温泉门票、九寨沟门票热销，超过日常平均值的5倍。

而新疆馆随后也加入了有关巴音布鲁克、白哈巴等热门旅游地的专题。不同的是，这些链接导向了淘宝旅行的旅友界面，而四川馆、遂昌馆则直接进入了门票销售及导游客服推介模式。无疑，未来特产电子商务的形式将更加丰富。

4. 共同的问题

遂昌上千家小网络商户的弱势在于后端供应链，由此才会发展出电子商务协会模式，协会对会员不收取任何培训及会员费，仅通过成交后的佣金维持日常运营。

然而正如新疆馆TP商负责人、大唐丝路CEO邓静指出的：农产品的QS认证、安全保障机制和责任追溯，仍然是政府和网络商户协会要共同努力完善的问题。

国家对农村电子商务的支持还有待提高，基本的农村信息化硬件亟待提升，这不仅是偏远山区发展电子商务的前提，也是农村本身提高经济水平的决定性因素。

另外，国家对农产品地理标志认证的法律缺失，既为一些网络商户创立品牌提供了机会，也是一大挑战。比如安溪及武夷山区的铁观音和大红袍，由于本身知名度较高，农民很容易据此建立商品品牌。而像遂昌这样盛产竹笋、山茶、黄酒、红薯、土猪肉等生态农产品的地方，由于所产商品的地区差异性很小，容易造成推广乏力。

在“特产中国”项目的发展过程中，总结出以下几点经验，可以成为未来省市特产馆的指导思路。

（1）尽管电子商务是破解农产品滞销的好办法，但地域特色在特产馆的运营中至关重要。

（2）参考遂昌馆的发展思路，市县一级政府及电子商务协会对于区位的自我评定、优劣势、产品特点以及本地信息化发展水平都会影响特产馆的运作方式。

（3）电子商务氛围浓厚，百姓参与的积极性高，网店卖家、网货涉农供应商、农业专业合作社、县域内涉旅机构，这些“人和”的条件是否具备很重要。

（4）政府应该制定地方法规，建立出前检测、事后抽查，以及原产地生产、物流和销售等完整的一体化供应链体系，关注大众食品安全和健康。

在热闹的开馆仪式上，有一位提前两周来排练的妙高镇汤公酒酒厂职工，对于电子商务跨区域营销的力度感到惊讶。“我们原本是国营黄酒厂改制，私人老板承包之后最近十年才开发出这种有本地特产‘枸杞’的黄酒新品种，但销售一直限于本县城及附近的丽水市区和缙云、景宁等周边县。遂昌馆一上线，全国的老百姓都知道‘汤公酒’，也知道汤显祖和牡丹亭的故事发生在遂昌了。”

遂昌县城入夜很早，缺少灯光，住宅楼外围包裹的一圈商店不到 7 点就打烊。网络商户协会会长潘东明笑言，不要小看了住宅楼里一盏盏昏黄的光，那些坐在电脑前的人正是遂昌经济的重要驱动力。

3.6 本章总结

B2C 模式现今仍然是互联网电子商务行业最为繁荣和发展前途的模式，对于上述案例中讲到的企业都是国内最著名的几家 B2C 模式企业，我们期待更多的企业出现，为消费者提供更多的选择和更多的实惠。B2C 模式与网民的现实生活越来越贴近，为整个电子商务行业的发展带来了更多的机会和流量，国内企业尤其是很多传统的零售企业需要加快进军的脚步，否则市场的残酷很快就会显现出来。

3.7 课外练习

1. 企业初步开展网上销售渠道需要做哪些事情？
2. B2C 模式未来的发展趋势是怎样的？目前遇到的挑战主要是哪些？

PART 4

第4章 C2C电子商务案例

本章学习目标

- 了解C2C电子商务模式的价值
- 学会分析C2C电子商务交易模式成功的关键
- 学会分析C2C电子商务的盈利模式

4.1 基本知识点

C2C即C to C是消费者（Consumer）与消费者（Consumer）之间的电子商务。通俗地讲就是个人与个人之间通过网络进行交易的电子商务类型。

1．我国C2C发展历程

1999年：邵亦波创立易趣网，创中国C2C先河。

1999年8月：易趣网正式上线。

2002年3月：eBay注资易趣网3000万美元。

2003年5月：阿里巴巴斥资4.5亿美元成立C2C淘宝网网站。

2003年7月：eBay斥资1.5亿美元全资收购易趣网。

2004年4月：一拍网正式上线，新浪占据其中33%的股权，原雅虎中国占67%的股份。

2004年6月：易趣网与美国eBay平台对接整合。

2005年9月：腾讯推出拍拍网，2006年3月13日开始运营。

2006年2月15日：一拍网彻底关闭，阿里巴巴收购一拍网全部股份，原属一拍网用户将导入淘宝。

2006年12月：TOM在线与eBay合资，更名为TOM易趣。

2007年10月：百度宣布进军电子商务，筹建C2C平台，并计划于2008年年初推出。

2008年5月5日：易趣宣布任何用户只要在易趣开店，无论是普通店铺、高级店铺还是超级店铺，都将终身免费。

2008年6月18日，百度网络交易平台正式在北京启动其在全国范围的巡回招商活动。

2008年10月8日，淘宝总裁对外宣布，阿里巴巴集团未来5年将对淘宝投资50亿元，并将继续沿用免费政策。

2008年10月28日：百度电子商务网站“有啊”正式上线，有望开创新的电子商务格局。

2009年：C2C新形式的诞生，网购导购业进驻C2C，抢占市场份额。

2009年12月：D客商城正式上线，推动个性定制业发展。

2011 年 4 月：百度电子商务网站“有啊”宣布关闭 C2C 平台，转型提供生活服务。

2．我国 C2C 发展现状

近年来伴随网购市场日益规范，电子商务正在渗透社会生活的各个领域，越来越多的实体消费行为开始向线上移植，购物、旅游等一切都显示出这个行业的腾飞之势。

2013 年中国电子商务市场交易规模达 10.2 万亿元，同比 2012 年的 8.5 万亿元，增长了 29.9%。其中 2013 年中国网络零售市场交易规模达 18851 亿元，较 2012 年的 13205 亿元，同比增长 42.8%，占社会消费品零售额的 8.04%。

2013 年中国网络购物市场之所以依然保持着较高的增长率，主要归结于以下原因。

第一，伴随网购市场日益规范，越来越多的人加入网购队伍当中，截至 2013 年 12 月，中国网络零售市场用户规模达 3.12 亿人，同比增长 26.3%。

第二，电子商务企业在一二线城市发展稳定后，逐渐向三四线城市延伸，推动了网购市场扩大。据淘宝公布的数据显示，三四线城市发展潜力巨大，近两年来用户下沉趋势明显，三四线城市增速迅猛。

第三，2013 年移动购物成为一股力量，推动网购的进一步发展。无线端的购物前景在 2013 年的“双十一”大促中便大展风头，据支付宝公布的数据显示，“双十一”全天，支付宝实现手机支付笔数 4518 万笔，占支付宝整体交易笔数的 24.03%，支付宝手机支付额突破 113 亿元，这是目前全球移动支付的最高纪录。

2009—2014 年，中国网络零售市场的交易规模如图 4-1 所示。

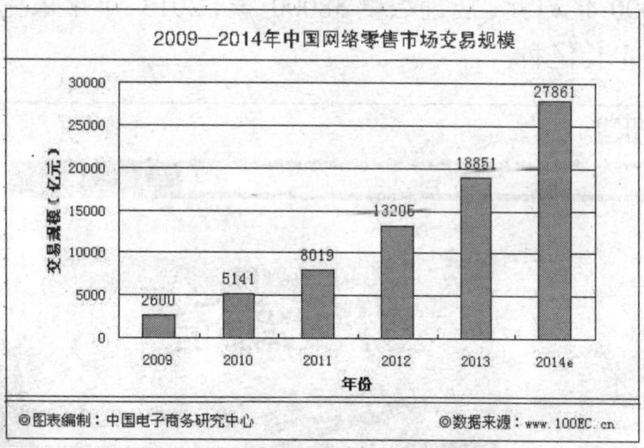

图 4-1　2009—2014 年中国网络零售市场交易规模

淘宝网地位依旧稳固，截至 2013 年 12 月，淘宝网占全部的 96.5%。拍拍网占 3.4%，易趣网占 0.1%。中国 C2C 网络购物市场格局相对稳定，各网站占比趋于稳定，交易规模平稳增长，如图 4-2 所示。

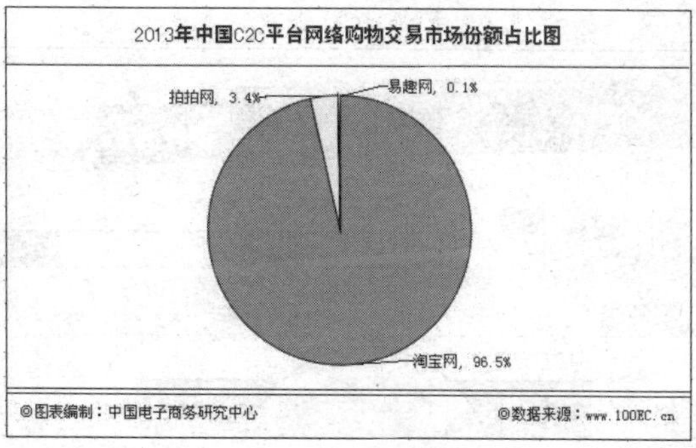

图 4-2　2013 年中国 C2C 平台网络购物交易市场份额占比图

4.2 从淘宝和日本乐天对比看淘宝网的电子商务模式创新

4.2.1 案例引入

电子商务模式指“在网络环境中基于一定技术基础的商务运作方式和盈利模式”。而所谓电子商务，实际上就是基于一定的电子商务模式将传统的商务流程进行重新组合、优化、再现，并实现盈利的过程。

在这里，可以引入价值链的概念，即传统企业的商务流程可以看作价值链的价值增值的活动和过程，在这一过程中物流从供应商、制造商、物流公司、分销渠道流向消费者，形成一个物理性的价值链；而电子商务活动则是借助电子商务网络技术产生信息流，形成一个虚拟的价值链，使传统的线性价值链呈现网络化的特征。

上述两种价值链的多种复合方式和过程所形成的新型盈利结构或顾客价值创造结构就是所谓的电子商务模式。

电子商务模式可以说是电子商务的灵魂和核心，提供了分析电子商务活动的视角，即只要把握了其电子商务模式，把握了其价值增值结构和盈利结构，就等于掌握了该电子商务活动的要点。反过来，开展电子商务竞争，或企划新的电子商务活动，其关键也在于对电子商务模式的设定和创新。

乐天网（http://www.rakuten.co.jp/）（见图 4-3）由日本乐天株式会社于 1997 年 2 月设立，2011 年销售额超过 10000 亿日元，店铺数量 38000 家，2013 年年末注册会员数为 9000 万人，所销售商品种类数量超过 1 亿种。

图 4-3 乐天网中国网站

淘宝网（http://www.taobao.com/）（见图 4-4）由阿里巴巴集团于 2003 年 7 月创建，目前拥有近 5 亿注册会员，2013 年，阿里“中国零售平台”的交易总额（GMV）达到 15420 亿元人民币，约合 2480 亿美元。

图 4-4 淘宝网首页

淘宝网诞生于日本乐天网之后，在电子商务模式上模仿了后者，具体而言，两者都属于平台式（platform）零售购物网站，或称电子商店街（e-marketplace）模式，即以经营购物平台为主业，向网络销售商提供网络店铺及相关服务，网站本身并不参与商品的经营销售，商品销售和物流配送由商户自行经营和负责。

4.2.2 淘宝网对 e-marketplace 商务模式的修正与创新

1．中国网络购物环境所存在的问题

淘宝早期所面临的网络购物市场环境并不成熟，与美国、日本等先进国家相比所存在的差距表现为以下面。

（1）互联网应用技术问题以及由此造成的互联网普及率不高。

（2）在电子商务相关法规方面，消费者保护、个人信息保护、知识产权保护以及网络安全方面的法制建设仍然是中国电子商务未来发展所需要解决的课题。

（3）交易双方的商业信用问题。

（4）物流配送问题。中国的物流仍然以中小型物流业者为主，尚未建立全国性的成熟的低价配送体系。

（5）交易结算问题。与发达国家相比，中国信用卡普及程度落后，而货到付款方式受物流体系的制约仍然只能局限于一二线城市。

2．淘宝网对乐天网模式的改进和优化

上述中国网络购物市场环境因素制约了乐天的 e-marketplace 商务模式在中国落地并发挥效力，但也同时促成了淘宝网对该模式进行不断的修正和优化并形成其独有的结构。只有最适合的模式才是最好的模式。

（1）商家的选择与营销战略。虽然淘宝网和乐天网都是以提供网络商铺服务为主，但是在商家选择和对商家营销战略上有着明显的区别。日本的传统企业进入电子商务交易领域较早，并且商业法规完善、严格，因此，乐天网的商家对象均为注册企业，拥有实体店铺，其 e-marketplace 表现为 BtoBtoC 型。

而淘宝网设立初期所面临的市场环境是：一方面，与美国 eBay 结盟的易趣网垄断着当时的中国网络零售市场；另一方面，中国传统企业尚未接受网络销售形式，但个体性互联网用户却已经表现出通过网上交易为自己创造真实价值的强烈趋向。为吸引商家入驻迅速抢占市场份额，淘宝对商家采取了任何人都可入驻开店的营销战略，即不要求商家拥有实体店铺（中国尚无严格的电子商务交易法规，使得网上无证照经营成为可能），对入驻商家不收取费用。

从上述战略的实施结果来看，网络无费用开店和低资质要求的低门槛政策，为所有拟创业的个人提供了网上低成本创业的机会，吸引了最大量的商家。经过两年时间，淘宝网就超过了易趣网，占据了 60%的市场份额。

营销战略的不同，也决定了淘宝网早期的 e-marketplace 表现为以个体商家为主的 BtoCtoC 型。不过，随着淘宝网知名度越来越高，吸引大量非个人商家入驻，并成立了以非个人商家为主体的淘宝商城，BtoCtoC 型就自然过渡到 BtoCtoC+BtoC 混合型。

（2）齐全种类和低廉价格的商品特征。乐天网的虚拟网店来源于实体店铺，故而，其商品价格和商品品种都不会与实体店铺有太大差异，其给顾客带来的价值重心在于借助互联网提供与传统购物相比更便利、自由、快速的购物方式。而淘宝网所能提供给顾客的价值，则远远超出了上述范畴。

淘宝的含义就是搜寻宝贝的意思，品种齐全成为其第一个特征。淘宝网现有商品 8 亿种左右，远远超过乐天网的 1 亿种。一方面，商家入驻的无限制，带来了远比现实店铺更为复杂和广泛的进货渠道；另一方面，使得被现实店铺所轻视的低端商品品目进入淘宝网。商家为了使自身商品拥有差异化的特征，不断向长尾的末端发展，其可以不在乎品牌，但即使是低端非品牌、低附加值的商品也会做到品种齐全。这极大地满足了顾客的个性化需求，“只有想不到的商品，没有买不到的商品”成为对淘宝网品种齐全的最恰当的写照。而像乐天网这样的 e-marketplace，虽然也同样追求商品的品种齐全，但其更多地是在追求高端领域的品种齐全，与实体店铺一样，有着其所轻视的低端商品品目领域。

与第一个特征相关联的淘宝网的另外一个特征是远低于实体店铺的商品价格。在信息化时代，商品价值和价格趋于透明化，价格竞争就成为商家最经常性的竞争手段，而淘宝网则将这种价格竞争手段发挥得淋漓尽致。实际上，这种低价格特征也恰恰迎合了年轻化的网络购物消费者群体的需求。商品全、价格廉成就了淘宝网“以低廉价格寻找到个性化商品的网络零售网站”的美名。

（3）淘宝网独特的即时通信工具——阿里旺旺。网络购物超越了实体店铺购物方式的时间和空间限制，但也无法像在实体店铺购物那样直接接触到商品实物并与卖家就商品进行即时沟通。克服网络购物的缺点，尽可能使实体购物网络化成为购物网站商务模式的努力方向。

与乐天网通过电子邮件进行顾客与商家间商品信息咨询不同，淘宝网从网站设立初始就为商家和顾客开发了专有的免费网上即时通信软件——淘宝旺旺，买卖双方可以在交易前后使用该软件进行用户间的免费文字、语音、视频通信的即时沟通。目前，“淘宝旺旺”已经与阿里巴巴 B2B 网站的即时通信软件“阿里巴巴贸易通”整合为“阿里旺旺”，成为中国仅次于 QQ 和 MSN 的第三大即时通信软件。

（4）淘宝网的信用评价体系。淘宝网与乐天网不同，其网络店铺基本为个人商户，没有实体店铺作为其网络虚拟店铺的信用保障。信用问题，也就是成为制约淘宝网进一步发展的瓶颈之一。对此，淘宝网在商务模式上进行了两个方面的创新以进行应对，一是信用等级评价体系的创立；二是作为第三方支付平台的支付宝的推出。

在淘宝网之前，亚马逊网曾率先推出商品评价体系，而淘宝网则进一步将评价对象从商品扩展到网络商铺。即淘宝网依据交易完成后顾客对所涉及交易的评价积分，给予商铺“心、钻石、皇冠”三个信用评级。

与此同时，作为消费者保护的措施，2007 年之后淘宝网先后推出了“消费者保障计划”“卖家先行赔付”制度以及“假一赔三”“7 天无理由退换货”“买家申述、卖家举证”规则。凡是加入上述保障计划的商家，会被授予加入标志。2009 年淘宝网又宣布设立网购保障基金，在淘宝上任何店铺购物的消费者一旦遇到商品质量问题且和卖家沟通不下的情况，淘宝网均可动用该基金对消费者进行先行赔付。2010 年 2 月，淘宝网推出国内首个电子商务网站自发组织的消费者权益平台，该平台被嵌入到消费者网上购物的各个细微环节，消费者可随时自助地发起维权，并由淘宝网的消费维权人员跟进处理。

（5）具有第三方支付功能的结算工具——支付宝。支付结算问题同样是制约早期中国电子商务进一步发展的瓶颈，并且该问题与交易信用问题纠缠在一起。

淘宝网的解决方案是，除了与国内金融业者合作以向消费者提供信用卡、货到付款、网上银行等支付方式之外，自行建立了具有第三方支付功能的结算工具——支付宝，而该结算工具的最大特点是对支付问题与信用问题的一揽子解决。支付宝的结算流程是：当买卖双方在网上达成成交协议时，由买家将货款预存到支付宝账户，在买家收到商品并进行确认后，货款由支付宝支付给卖家，由此完成一笔网络交易。第三方平台的建立，本质上属于在传统商务流程中添加了一个新的环节，该平台介入的意义在于，在提供货款结算路径的同时，在买卖双方间附加了信用担保，最大限度地避免交易欺诈行为。

另外，原本以为淘宝网提供支持为目的开发的支付宝，很快发展为一种独立的电子商务模式，即作为独立的第三方支付平台，在2009年之后开始对所有类型的电子商务提供付费服务，并占据了中国第三方支付市场的主要份额。

（6）淘宝网对物流配送服务的支持。淘宝网通过商务模式的创新，逐步缓解了支付和信用问题的压力，但作为以“销售+商品的配送”为特征的电子交易网站，终归无法在互联网上完成全部的价值链流程，也就脱离不开线下的物流配送环节。

作为e-marketplace商务模式，淘宝与乐天一样，向顾客的商品配送由商家自行负责。不过，与日本相比，中国缺乏在覆盖面、速度、质量、价格等方面适合于新型电子商务经济的成熟的物流体系，也就是说，很难找到一家能在服务、速度、费用三者间取得平衡的理想的物流公司。对于淘宝网这样在商品销售上追求长尾末端战略的购物网站而言，其多数单笔交易成交金额非常小，高额的商品配送费用往往成为商品价格的主要构成，这就成为淘宝网用户追求低价购物目标的巨大障碍。

而作为单纯的电子商务企业，不可能价值链的所有环节问题都通过内部自行解决。在这里，淘宝网并没有像京东那样自建自营物流体系，而是采取了将价值链相关方企业作为一种经营资源纳入到自身电子商务模式流程之内，通过不同企业间的横向联合—协作的方式来完成一个完整的价值链的方案。具体而言，就是采取“推荐物流”战略。即由淘宝网依靠其整体优势，与网络成熟、服务覆盖范围大的物流公司结成战略伙伴关系，就为淘宝网络商户户提供物流服务的内容，如服务价格、内容、方式、赔付条款达成优惠协议，并规定由淘宝网参与监督和督促物流公司对于投诉和索赔的处理。而与淘宝网签约的战略物流伙伴则进入淘宝向商家推荐的物流公司名单，可通过与淘宝对接的信息平台接受淘宝用户订单。

淘宝网曾于2010年宣布推出淘宝大物流计划，即由淘宝网联合国内外仓储、快递、软件等物流企业组成服务联盟，提供“一站式”电子商务物流配送外包服务，解决商家货物配备和递送难题。不过，从目前来看，该计划的实施存在着诸多难题，并且其服务也主要面向于由淘宝网中分支出来的天猫（淘宝商城）的B2C型商户。

3. 淘宝网的盈利模式

一个成功的购物网站的商务模式，不仅要在现有的市场环境背景下利用互联网技术重建完整的购物流程和价值链，而且必须拥有一个能够维持网站生存的盈利结构。

作为向网络商户提供网络商铺的e-marketplace商务模式，乐天的主要收入源为来自网络商户的商铺费用和系统使用费，而淘宝网虽然在商务模式的框架上复制了乐天的形式，但是由于其采取了网络商铺免费的战略，收入模式始终没有明确下来。

目前，淘宝网的盈利模式仍然在探索之中，其C2C模式本身仍未赚钱，其盈利手段首先是广告，其次是增值服务。在2006年尝试推出名为“招财进宝”的搜索引擎竞价排名服务之后，在2008年，淘宝网又推出一项新的增值服务——“淘宝旺铺”，即由淘宝网为卖家提供更专业、更个性的店铺页面，以及更强大的功能，以帮助卖家塑造店铺形象，打造店铺品牌；相应地，卖家则向淘宝网支付该项技术和软件使用费用，而使用了该项软件和技术的卖家被称之为淘宝旺铺。马云的战略是“让愿意付费的人付费，不愿意付费的人永远免费”。

除了广告、增值业务以外，淘宝网的另一项收入是模仿乐天向B2C型网络商户收取技术服务费年费以及按照销售额一定百分比缴纳的技术服务费。不过，2011年淘宝被分拆为天猫与淘宝两个独立的公司，延续传统的C2C型结构的淘宝网再次面临盈利的难题。引自海外的商务模式的收益构造要想在中国真正落地仍然困难重重。

4.2.3 购物网站电子商务模式创新分析

从中国购物网站的发展状况来看，其主要是通过导入国外成型的电子商务模式而成长起来的。B2C 自营销售型电子商务企业，如当当、京东复制的是美国亚马逊的电子商务模式，而 C2C 型平台式电子零售企业淘宝网，引入的则是日本乐天的 e-marketplace 模式。

不过，无论引入多么优秀的电子商务模式，都必须考虑商务模式实施地的市场环境的差异以及 IT 技术的持续变迁情况。在电子商务交易的市场环境的完善方面，与美国、日本相比，中国尚有很大差距，主要体现于信用、结算、物流三个环节，被称作制约中国电子商务发展的“三座大山”，妨碍着所引入的电子商务模式在中国的落地。

作为国外网络购物方面成型的商务模式的导入企业，淘宝网不得不将其主要的课题目标放在如何在中国特有的电子商务市场环境下再现所导入的商务模式方面。其必须致力于通过向商务流程中各关联方提供价值增值的方式将其作为一种经营资源吸引和组合到自身电子商务模式的流程之内，从而建立起了一个新的完整的价值链流程。也正是在这一个过程中，所导入的商务模式被不断地修正和创新，成为更适合于中国市场环境的商务模式。

通过淘宝的案例，我们可以看到，对电子商务模式的创新，可以有以下路径。

（1）所谓电子商务，简单而言就是通过互联网情报通信技术这一新的设施，对传统商务的价值链活动进行重新组合以达到再现的过程，而对价值链的不同方式组合方式，就会衍生出不同的电子商务模式。因此，电子商务模式创新的着手点可以是对旧有的商务活动的价值链进行不同形式的削减、替代、追加等，或是对已有的电子商务模式进行修正、补充、扩大适用。不过，电子商务模式终归是一种顾客价值增值结构或盈利结构，因此，创新的出发点和目标并不单单在于传统交易的电子化、网络化，更在于通过新的价值链活动，对组成的相关方带来价值增值，同时对其自身而言，则在于建立起新的核心价值、核心优势·能力、核心商务流程。

（2）与传统的购物形态受制于时间、空间因素相比，网络购物的特征和优势在于其基于互联网的特性很简单地就能够超越了这些制约因素，给顾客带来新的价值——购物更便利、更自由、更快捷，以及生活方式的改变。不过，网络购物也有自身的固有弱势，如因不能看到商品实物和卖家所伴随的质量风险、金融支付风险、个人信息泄露风险等。那么，商务模式创新的重心和方向就可以并应该放在如何使上述优势最大化——实现商务交易的效率化和使弱势最小化——克服网络购物风险的方面上。

（3）在以互联网为基础的新经济时代，信息情报技术的变革成为最有可能促使企业经营战略和商务模式发生的动力要素。企业的经营战略与信息情报技术的关系发生逆转，传统经济中的“经营战略→信息情报技术”的关系模式转变为新经济状态下的“信息情报技术→经营战略”的关系模式。因此，不断适应变化中的情报技术及其对商务模式带来的可能性是实现对商务模式的变革创新以保持持续优势的关键所在。

（4）市场经营环境是左右电子商务模式发挥效力的重要条件，不断审视市场的变化与不同及其对商务模式带来的挑战，通过对商务模式的形态进行修正，是实现商务模式创新的重要动力和途径。

无论何种电子商务模式，都既不可能无条件通用，也不可能持续地保持优势。在电子商务模式竞争的时代，电子商务竞争的核心就是对电子商务模式的不断创新。

4.3 米莉雅——跨界电子商务的女裤专家

4.3.1 米莉雅公司简介

近些年来，传统服装产业一直面临着艰难的生存环境：全球金融危机、劳动力成本增加、原材料价格上涨……这都使得原本利润微薄的服装制造企业步履维艰。高库存积压、恶性压价竞争、私营企业主携款私逃等负面新闻常常见诸报端。然而，最黯淡的夜也有闪亮的星，一些先知先觉的企业借助电子商务平台找到了新的突破点，浙江杭州的米莉雅服装有限公司就是其中之一。作为电子商务新兵，专注于女裤行业的米莉雅仅用短短一年半的时间就从零增长到了月销售额近300万元，迅速跻身网络女裤的第一阵营，回访率和回购率比其他同类商家平均高出30%。米莉雅的成功并非偶然，它将线下的制造优势完美嫁接到线上电子商务，内外兼修进而融会贯通成就了其亮丽的成绩单。

4.3.2 双管齐下、相得益彰的跨界经营

米莉雅的创立者余荣恕是地地道道的温州商人，有着敏锐的商业嗅觉和坚毅的实干精神。2004年他在杭州创立了索野服饰有限公司，主推都市米兰女裤品牌，在经营米莉雅之前已经在线下的女裤行业深耕近十年。随着行业内越来越多的企业开始进军电子商务，以及线下业务利润渐薄，余荣恕也在思考是否要跨界进入电子商务领域。

按照参与深度划分，传统企业向线上发展主要有三种模式：一是渠道拓展模式，将线上业务作为自己另一个产品销售渠道，保守一些的企业仅仅将尾货拿到网上销售，深入一些的企业则会把主力产品也列入销售范围；二是新建品牌模式，采用双品牌甚至多品牌运营策略，线下的业务正常开展，在线上创立新的品牌（一个或多个），线上和线下的品牌在消费者群体上往往有所区别；三是完全转型模式，即放弃线下业务，完全转型为线上电子商务企业。以上三种方式各有优劣，具体比较如表4-1所示。

表4-1 传统企业线上发展模式对比

模式名称 / 比较项目	渠道拓展模式	新建品牌模式	完全转型模式
难度	较低	中等	最高，往往因缺乏互联网基因而失败
风险	较低	中等	最大
渠道管理难度	较高，常出现渠道利益冲突	中等，需同时具备传统与电商渠道的管理能力	较低
运营成本	较低	较高，需同时维护多个品牌	较低

很多企业为规避风险往往选择渠道拓展模式，但其中一个重要陷阱是线上和线下渠道可能会产生激烈冲突，处理不当甚至会危及线下渠道的生存，郑州的逸阳女裤就遭遇了类似的情况。随着线上渠道销售量的不断上升，由于线上线下价格体系混乱，线下的销售渠道受到了毁灭性的打击，逸阳最终不得不放弃线下渠道，专注于线上业务，被迫演变为完全转型模式。虽然目前逸阳线上业务开展得不错，但必须承认的是这并非其初衷。

余荣恕并不愿意像逸阳那样放弃经营多年的线下业务，因为线下业务依然能够带来稳定的

利润，而且过去十年渠道建设的投入成本较高，已经形成了非常成熟的分销网络。此外，余荣恕对线下品牌都市米兰能否在线上获得成功并不确定。该品牌虽然已经是央视上榜品牌，但其目标市场是 30 岁以上的女性，品牌代言人也是已为人母的中年港台明星贾静雯，产品款式偏向成熟典雅，而网购人群的年龄普遍偏年轻化，往往并不是都市米兰的老用户，网上市场可能还需重新培养。

最终，余荣恕选择了新建品牌模式，于 2013 年在天猫新创了米莉雅，作为线下品牌都市米兰的姊妹品牌，但二者均独立运作。与都市米兰不同，米莉雅的目标市场是 30 岁以下年轻活力的白领、学生一族。余荣恕双管齐下的策略虽然在一定程度上增加了品牌运营成本，但避免了单品牌双渠道运营所可能导致的渠道冲突，在保证企业存量的基础上又带来了新的增量。

新建品牌模式的线上发展路径收到了奇效，米莉雅的运营模式初步形成，如图 4-5 所示，线上线下两个品牌可谓相得益彰。首先，米莉雅在经营初期需要借助天猫中直通车、聚划算等营销工具进行推广，需要较多费用，余荣恕就从双品牌统筹发展的角度通过都市米兰向米莉雅输血，使其在资金方面有强大的后盾；其次，都市米兰线下长年积累的制造优势，如全面质量管理体系、成本控制方法等都被完美嫁接到米莉雅，这是米莉雅短时间就实现爆发的根基。最后，米莉雅也为都市米兰线下的多余产能和产品提供了新的泄洪道，使得都市米兰的发展更具弹性。随着米莉雅经营规模的不断扩大，其与都市米兰的协同作用可能会更加明显。

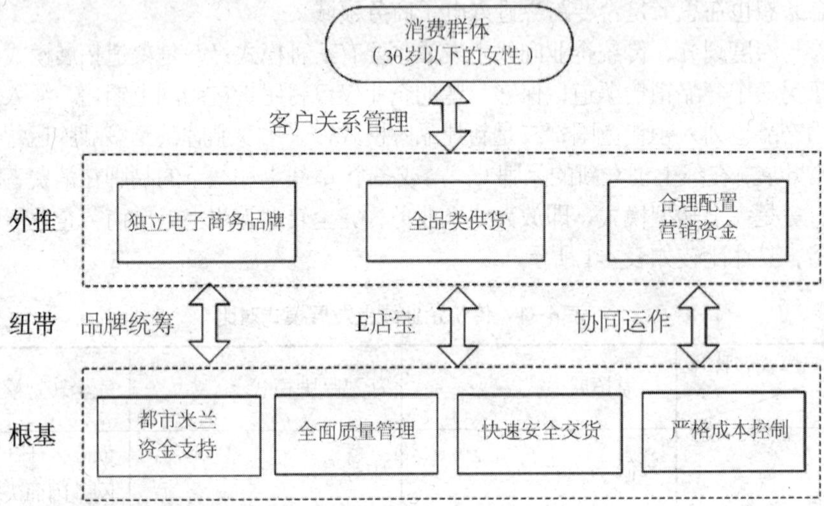

图 4-5　米莉雅运营模式

传统制造业的管理者往往缺乏电子商务思维，为保证米莉雅具有纯正的互联网基因，余荣恕邀请了曾就职于阿里巴巴大客户部的李晨作为电子商务平台的操盘者。李晨在阿里巴巴时期曾接触过几十家规模在 2000 万～5000 万的天猫商家，对他们的亮点和痛点颇为了解，对阿里巴巴电子商务的运营思路也颇有心得。米莉雅的全品类供货、营销资金配置、快速安全交货、客户关系管理，以及通过 e 电宝等工具与制造进行无缝衔接等妙招均与他有着莫大的关系。

4.3.3　如琢如磨、精益求精的线下内功

米莉雅运营模式的特色之一是继承了线下生产精益求精的运营管理理念，练就了扎实的内功，这成为米莉雅崛起的根基。每个企业都有自己的文化与传统，这种文化与传统是由企业组建时首任领导者的性格与气质决定的。余荣恕在创业初期就定下了“一群人，一辈子，一件事”

的宗旨，力求将女裤做到极致。公司在女裤制作工艺上一直不断进步，成为了周边企业争相学习的对象。

1. 全面质量管理

华硕总经理徐世明曾指出，全世界没一个质量差、光靠价格低的产品能够长久地存活下来。米莉雅一直将质量看作其生命线，运用全面质量管理的理念进行质量控制。全面质量管理提倡源头质量控制，认为事后检验将导致大量的鉴定检验成本和故障成本，应从源头减少质量问题的产生，米莉雅是这一观念的忠实践行者。一方面，米莉雅所选用面料的品质均高于市面上的平均水平。以棉布为例，米莉雅选择 25 元/米左右的优质材料，通过人工质检严格控制质量，远远优于同类企业使用的 10 元/米左右的一般棉布。另一方面，在辅料选择上，米莉雅尤为谨慎，特别是拉链、纽扣等关键配件更是重金采用日本进口金属，延长了配件的使用寿命，明显降低了后期维修和返工概率。

其次，全面质量管理强调在生产过程中控制产品质量，正如质量管理大师戴明所说，产品质量是生产出来的，不是检验出来的。米莉雅将这一理念融入到生产线上，无论是打板、缝制还是包装，每一环节都借助鱼骨图、帕累托图、统计过程控制等工具和方法，不断提升过程质量。

最后，米莉雅已经摆脱了"好的产品质量就是产品无缺陷"的陈旧观念，接受了将产品性能、特征、美观等维度纳入质量内涵的现代质量观。以美观为例，米莉雅不惜"血本"，使用彩盒包装（见图 4-6）。淡雅脱俗的薰衣草紫能够瞬间引起消费者的好感并传达出卖家的诚意，并且一般用以保持女裤挺括的硬纸板被精美的购物袋取代，提升了产品档次。曾有不少消费者多次索要配套的购物袋，足见其吸引力。

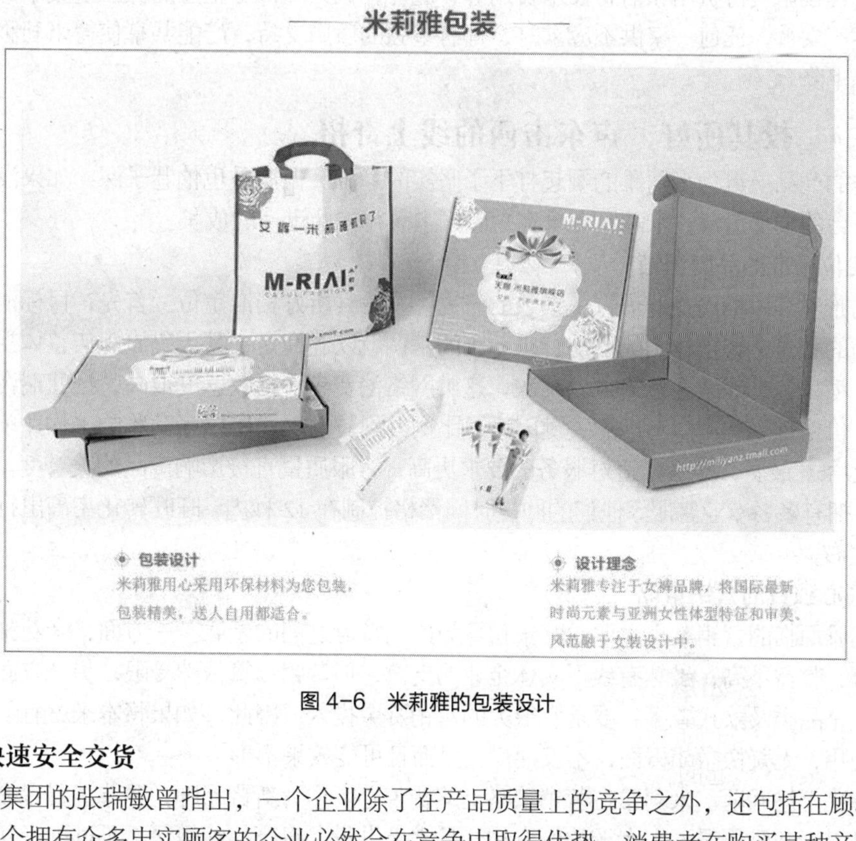

图 4-6　米莉雅的包装设计

2. 快速安全交货

海尔集团的张瑞敏曾指出，一个企业除了在产品质量上的竞争之外，还包括在顾客方面的竞争，一个拥有众多忠实顾客的企业必然会在竞争中取得优势。消费者在购买某种产品之前都会习惯性比较，要得到绝大多数消费者的认可，除了产品质量过硬外，快速安全地交货已经成为电子商务领域获得顾客青睐的关键。为了让交货时间比顾客预期还要短，并保证货物安全，米莉雅选择顺丰速运为物流服务供应商，当天 4 点前的订单都能当天发货，真正做到 24 小时发货，力求宝贝能够及时、完好无损地送至消费者手中，提高买家的好评率。特别是顺丰同城的当日达服务让不少杭州的消费者交口称赞。

选择正确的物流服务供应商只保证了外向物流的速度，如果不能及时生产出顾客需要的产品也是枉然。米莉雅所依托的索野服饰有限公司本身就有很强的生产能力，而索野服饰有限公司所在的米兰国际工业园拥有更为强大的生产能力，现有五家企业，年产 400 多万条女裤。索野服饰有限公司与其他企业保持着良好的合作关系，在生产上经常互相支持与协作。2013 年的“双十一”期间，当其他商家为铺货焦头烂额时，米莉雅却略显悠闲，这是因为多源供应商的鼎力相助保证了米莉雅的订单能够及时完成。

3. 严格成本控制

质量高、速度快与低成本往往是矛盾的。例如，ZARA 的服装虽然交货速度快，但价格并不是太亲民；格力的空调质量高，价格比同行也要高一截。米莉雅使用了几乎两倍于平均价格的面料、辅料、包装，引入顺丰的物流也使得运输成本居高不下，但其单件价格却出人意料地追随主流，关键因素是其独特的成本控制法。米兰国际工业园中的五家企业虽然有各自独立的品牌和生产车间，但食堂、员工宿舍等后勤设施都是共用的。这种特别的模式有两大优点：首先，最大程度降低了企业的运营成本。集设计、生产、销售于一体的米兰国际工业园现有员工两万多名，年营业额 4 亿多元，如此庞大的规模巧妙地分摊了管理费用、行政费用、市场营销费用、工程技术支持费用和信息技术费用等；此外，极大降低了企业的供应链成本。由于五家企业都生产女裤，任何一家供不应求时，都有坚强的后盾支持，产能共享使得米莉雅的供应链成本大幅下降。

4.3.4 投其所好、声东击西的线上奇招

卓越的产品质量为米莉雅的崛起打下了坚实的基础。但酒香也怕巷子深，如果没有线上电子商务平台的成功运营，米莉雅很难在短时间内获得如此迅速的成长。

1. 定位精准的品牌塑造

米莉雅对其目标消费群进行了细致的研究，并投其所好精准定位。首先，目标消费群偏爱多变时尚的款式、轻松休闲的搭配，米莉雅的基调就以此而定，其天猫旗舰店整体视觉明亮轻快，多以糖果色、冰激凌色为主。其次，这类网络消费者价格敏感度很高，据艾瑞咨询最新数据显示，价格是网购用户考虑的关键因素，比例占到 70.3%，所以米莉雅的平均件单价为亲民的 110 元/条。最后，网络渠道对服务的要求更高，客服质量直接影响产品的美誉度。米莉雅经过训练，拥有多名专业客服，他们的回复时间严格控制在 12 秒内，旺旺转化率高出行业平均水准 30%左右。

2. 匠心独具的营销策略

米莉雅面临的营销难点主要是营销预算与产品特点之间的矛盾。一方面，米莉雅作为初创期的品牌，收益不高，虽然有线下实体企业的支撑，但营销预算依然受限；另一方面，女裤产品的特点是品类及款式繁多，要求有很大的营销资金投入。因此，如果将本来就有限的营销费用平均使用，无疑像撒胡椒面，不仅捉襟见肘而且可能效果不彰。

为解决上述问题，米莉雅在营销策略上煞费苦心。作为新晋品牌，要让消费者最大限度地认识自己，米莉雅不得不在女裤的所有细分品类上供货，将产品线做深。不过，米莉雅也巧妙

地运用了“二八”原则极大地提升了营销资金的使用效率。具体做法是，把店内的货品分为两大类：20%的形象款用以打造店铺人气，80%的常规款用以赚取利润，颇有声东击西之妙。这80%又可分为三类：20%的超高性价比宝贝属于引流款（A 类）；20%的高性价比宝贝属于简单款（B 类）；40%的特色宝贝属于利润款（C 类）。

营销活动会契合不同类别的宝贝有针对性地开展。A 类宝贝通常会上直通车或者钻石展位，B 类宝贝是聚划算的常客，而 C 类宝贝的促销力度更大，是吸引老顾客的法宝。一般而言，宝贝的日常价格不会变动，只有在大促销时才有部分折扣，降价的幅度与宝贝的受欢迎度成反比，特有的活动专供款则多半是下一季度的新品，在增加收益的同时也完成了测款的工作，可谓一石二鸟。以聚划算为例，米莉雅从最初的每三个月一场商品团到如今每个月三场的厂家直供团，不仅扩大了促销规模和力度，也节约了不少营销费用。到目前为止，米莉雅的直通车费用为 0.8 元，钻石展费用为 0.35 元，远低于行业 0.55 元的平均水平。

米莉雅也深知，在自身产品质量得到保障的前提下，吸引老顾客购买比发展一位新顾客的营销成本会低很多，因此在老客户的维护上下足了工夫。米莉雅现有老客户 12 万，这些“米粒”享有明确的 VIP 福利，分为小米粒、金米粒、白金米和钻石米四个级别。只要单笔交易成功就能成为米莉雅会员，累计交易成功 88 笔之后就能成为最高级别的钻石米，享受会员 6 折折扣和永久免邮等一系列优惠措施。同时，微淘社区里关于裤装搭配和服饰挑选的话题不断，为老顾客提供了不少便利。卓越的客户关系管理使得米莉雅可以借助成本很低的口碑营销来不断吸引更多的客户以扩大消费群体的规模。

3. 内外交融的运营策略

米莉雅的线下内功精湛，线上外功过硬，但如果无法在电子商务运营中实现内外交融，依然会功亏一篑。事实上，米莉雅的确经历过内外不调的阶段。2013 年上半年，米莉雅的 DSR（卖家服务评级系统）评分全线飘绿，最主要的原因就是发货速度慢，而根源在于制造工厂依然按照传统的线下思维来承接电子商务订单，没有考虑电子商务订单的波动幅度远远高于传统订单，生产无法满足需求，最终导致交货延迟。此外，当时线下产品与电子商务产品在同一条生产线生产，并且线下产品的优先级高于线上，很多电子商务产品的订单被推后，这也是交货经常延迟的重要原因。

米莉雅针对这一问题采取了一系列措施。首先，根据线上产品订单波动幅度大、产品品类多的特点，搭建了适合小批量多批次生产的独立流水线承担生产任务；其次，建立起前台电子商务与后台生产的协同运作机制，充分共享数据，并运用总体预测精度高于单品的原理，大胆采用生产一批、备料一批的方法，既保证了及时供货，又极大地降低了库存。最后，引入了 E 店宝等软件管理库存，配置了专门人员跟踪后台数据，使得员工能够根据数据及时了解商品情况，避免出现拍下但没付款的存货再次被销售的乌龙事件。这些措施的实施极大提升了消费者满意度，短短半年时间，米莉雅的 DSR 评分就由 4.3 上升至 4.8。

在这最好的时代和最坏的时代里，谁主沉浮永远没有定论，内外兼修才是王道。对米莉雅而言，新建线上品牌的运营模式是其一举成功的核心，在质量、交货和成本控制上的内功修炼是其爆发式成长的根基，出色的电子商务营销及运营策略是其脱颖而出的关键。初涉电子商务领域的米莉雅也许才刚刚启程，但她以“虽千万人吾往矣”的气概不惧任何挑战。

4.4 淘宝村的形成和发展

4.4.1 淘宝村的兴起

农业是典型的传统行业，具有地域性强、季节性强、产品的标准化程度低、生产者分散等特点，具有较大的自然风险和市场风险。长期以来，农产品流通主要是通过农贸市场来进行交易，远远不能满足农民的需求与供应。进一步提高农业生产率，繁荣农村经济，增加农民收入，推进农业产业化进程，是当前急需解决的问题。

电子商务的优点主要表现在降低交易成本、减少库存、缩短生产周期、增加商业机会、减轻对实物基础设施依赖的 24 小时无间隔的商业运作等，因此能够有效地克服农业产业化经营中的不利因素，对我国农业产业化进程具有极大的促进作用。具体表现为以下几方面。

（1）减少生产的盲目性。农业电子商务能够减少乃至消除农业市场的信息不对称现象，为农户和企业及时地提供全方位的市场信息，有利于企业和农户准确地把握市场需求，使农业的生产行为变得智能、快捷。

（2）降低成本，提高效率。在农业产业化中导入电子商务，企业通过网络发布信息、处理订单、安排生产、分配资源，供应链中的所有组织几乎可以在“第一时间”内从互联网上获得所需信息，减少了中间商环节，缩短了小农户与大市场之间的距离，降低了买卖双方的搜寻费用。

（3）打破区域和时间的限制。农业电子商务使农业企业冲破条块分割的市场格局，摆脱区域性市场的限制，进入跨地区乃至跨国的网络销售，有利于形成统一有序的大市场，使交易双方的选择性扩展到最大。

（4）实现农产品流通的规模化。在农业电子商务中采用网络交易平台，能够将少量的、单独的农产品交易规模化、组织化。农民将农产品委托给配送中心并由其统一组织销售，交易的一方是农民群体，另一方是企业，双方的地位平等，各自的利益都能够得到充分保证。

（5）方便对农民的教育与培训。农业电子商务将使对农民的教育和培训变得更为快捷、方便，更具有针对性，能够让农户了解最新农业生产技术和社会发展动态，不断提高农民的科学文化素质，有利于促进农业新技术在农村的迅速传播，有利于农业产业化不断推向深入。

“淘宝村”的兴起为发展农村电子商务提供了借鉴。以前农民要赚钱，往往得出门打工，但现在不一样了。2009 年以来，一个个“淘宝村”如雨后春笋般出现，农民的致富手段由此拓宽——在打工之外，农民也可以选择从事电子商务，在家门口创业，在家门口赚钱。

数据显示，截至 2013 年年底，国内已经发现的淘宝村 20 个，涵盖网店 1.5 万个，带来直接就业 6 万人，并且带来了物流快递、包装等服务业的大量间接就业。其中浙江省义乌市江东街道青岩刘村 2000 多家网店年销售总额已经突破 20 亿元。

这些“淘宝村”遍及河北、山东、江苏、江西、浙江、福建、广东等 7 省，涉及产品包括家居、服装、箱包、农产品、小商品、户外用品等多个品类。

在目前农村电子商务应用水平整体相对低下的现实下，沙集镇等一批农村电子商务产业集群的成功案例，给农村电子商务产业发展提供了新的实践范例。

4.4.2 沙集镇东风村的代购模式

2006 年前，东风村还是苏北一个普通村庄。自打村里有了第一家淘宝店，在电子商务的带动下，现在村里集材料、设计、生产、销售、物流为一体的产业链已经形成。放下锄头，摸起鼠标的农民迅速致富。

东风村里最大的网络商户是孙寒，他也是这个淘宝村第一个从事电子商务的生意人。2006年，他抱回了村里的第一台电脑，在淘宝上开起了网店，销售小礼品，因为单价低，物流成本高，并没有赚到钱。后来看到网上有“宜家代购”受到启发，开始模仿生产，很快，亲戚朋友、左邻右舍都知道了他网上赚钱的路子，并在全村迅速扩张。

随着越来越多的东风村村民看到网络卖出东西，并且可以赚钱，一些胆大的村民开始模仿开设淘宝网店，网店开起来了，卖什么样的家具是值得思考的问题。东风村用最简单的方式进行了探索：他们从“宜家代购”的家具中发现了商机，宜家的家具特点是简单实用，易于拆装，这一点既是宜家家具的竞争力所在，也是东风村人看到的网络销售难点的突破。一方面，这些性价比高的家具实用面大，消费群体众多，另一方面，这些形态各异的家具经过宜家的标准化组装以后便于运输，这也解决了物流配送中运输与包装的重要问题，使得东风村出去的家具因为物流配送损坏造成的纠纷大大减少。

有了规模化的网店、准确的产品定位，东风村的家具进入了规模化生产和网络销售的时代，并迅速蔓延至全沙集镇。网店规模从2006年东风村的第一个农民网络商户，到2010年左右的全沙集镇600户网络商户和1000多家网店，由于农村农户间的“熟人社会”因素，农村的口碑传播、亲情传播非常快，网店开设的互帮互带被快速复制。产品也从架类（书架、花架、鞋架）、柜类（衣柜、电视柜、茶几）到书桌、床，涵盖了日用家居的全部。由于这种“中国式宜家”的思路，产品品种齐全、拆装方便，且性价比高，因此在全国范围内的销售持续火爆，带动整个家具产业链从无到有，达到年销售额3亿元的迅猛普及发展。

4.4.3 军埔村的“网络+实体店”模式

粤东欠发达地区揭阳，有一个仅有490户人家的小村——军埔，军埔村早年是小食品加工的聚集地，很是风光过一阵。但在粗放型的小作坊工业模式发展受阻后，矛盾一堆，上访不停。现在，成了远近闻名的“电子商务村”。

2012年下半年，村里几个在外做生意的村民黄海金等人看着不断上涨的房价，索性回村里开了第一批淘宝店。通过实体店批发和扩大网上营销结合的模式，获得显著经济效益，牵动了全村村民“上网触电”的敏锐神经。村民们看到低投入、高回报的商机，以一传十、十传百联动反应，纷纷仿效。全村电子商务从业气氛暴涨，带动不少在外务工村民回乡和村内闲散劳动力开网店创业和就业。

军埔村的淘宝生意，由品牌商、普通开网店村民和代工厂三个环节组成，品牌商自己设计服装、买料给代工厂，代工厂做贴牌，而村民则形同分销商，将品牌商信息发上网，接订单后再从品牌商拿货，包装邮寄给顾客。如此，批发商承担了商品积压的风险，而村民 “零风险、零成本”就可以赚钱。

如今，军埔村全村490多户、2600多人中已有350多户、1400多人投入网上销售活动，现有淘宝网店1350多家、实体店38家，网上销售的产品主要是服装、自行车、皮具、电器、五金、玩具等。

为更好地支持电子商务行业发展，当地政府在村内设立了电子商务服务中心，相关职能部门和单位抽调人员进村，为村民提供人才培养、通信网络、金融和招商等服务。

4.4.4 义乌青岩刘村

2000多家网络商户，30多家快递公司，15亿元年销售额。农村不务农、专职做淘宝，浙江义乌青岩刘村数年间迎来送往，成就了无数皇冠店铺，被称为“淘宝第一村”。

为了服务这些集聚的电子商务创业者，村里遍布着快递公司、纸箱店、摄影公司、网页设计公司等，还吸引了近百名韩国人来做韩式烧烤生意。村里200多幢农民房之间，穿梭着各种肤色的“老外”，他们都是来现场看货、拿货的商人。青岩刘离江东货运站很近，交通区位优势明显，又聚集了众多店家，能实现货源、信息、技术的共享。

但是，随着电子商务江湖的风云变幻，青岩刘的造富神话在不断退烧，2010年达到20亿元的销售额几年来不增反减，村里的砖墙上贴满了“招租”“转租”的告示。“每天都有人搬出去，也都有人搬进来。

吴宗满是国内最早从“竹炭”产品上看到商机的人。2006年，他带着老家的竹炭生意来到了青岩刘，成为了第一批进驻淘宝村的网络商户。当时快递没有现在这么发达，青岩刘背靠江东货运站，交通非常方便。随着生意越做越大，农民房分散的结构无法满足仓储的需求，最终从青岩刘搬了出来。

和吴宗满一样从淘宝村搬出来的成熟网络商户近年来不计其数，而现在在青岩刘的网络商户也多数没有常驻的打算。场地、资金等因素限制了大卖家的发展，而对于淘宝村众多创业者和小卖家而言，“全民电子商务”时代的白热化竞争是青岩刘面临的最大冲击。

4.4.5 淘宝村电子商务对我们的启示

1．淘宝村给农村和农民带来的好处

（1）淘宝村拓宽了农民致富路。通过从事电子商务，淘宝村的网络商户们走上了快速致富的道路，同时，电子商务的兴起也带动了当地相关产业的发展，形成了由电子商务驱动的地方特色产业的生态环境。老百姓戏言“闯关东，下江南，不如上网最挣钱。”农民增收了，农村综合经济实力也得到快速增长。

（2）淘宝村打开了农村创业门。电子商务带来的巨大商机，让当地的农民不再背井离乡出去打工，“在外东奔西跑、不如在家淘宝”成为人们的共识。电子商务让老百姓足不出户实现了就业，也成为年轻人创业的一条好途径。一些大学毕业生回家开起了网店，很快达到了一定的销售规模，实现了自己的创业梦想。

（3）淘宝村促进了城乡一体化。农民收入增加带动了生活方式的悄然改变，一些城里才有的生活消费形式开始在淘宝村逐渐出现。不仅外出务工人员基本都已返乡，还吸引了大量外来劳动力，人口增加带来了餐饮等服务设施的增多，村子里也出现了夜市，呈现出小城镇特征，经济和社会得到同步发展。另外，淘宝村日益充满生机与活力，过去曾困扰农村的留守儿童和空巢老人等问题不复存在，也促进了农村的和谐稳定。

2．淘宝村运作的关键因素

近几年光纤入户等农村网络基础设施的改善，以淘宝为代表的第三方电子商务网站提供的低门槛创业平台，成为淘宝村发展的基础性条件，同时，还有三个关键因素在淘宝村的起步发展中发挥了重要作用。

（1）很好地依托当地特色资源。选准特色产业是农村电子商务发展的基础。以该地区的特色产业切入市场，这类产业的特征是需求容量大，市场进入的门槛低，能够掌握产业链关键环节，产品适合储存和长途运输，产品拓展空间大。

（2）靠一批年轻带头人引领示范。一些年轻人尝试着在淘宝网上开设网店来销售产品，获得了成功，在他们的示范带动下，形成涟漪效应，向周边的亲友、邻居扩散，最终形成具有规模效应的淘宝村。电子商务带头人在“淘宝村”的形成过程中起到了重要的启蒙和催化作用。如山东博兴湾头村商户贾培晓，1999年大学毕业，2006年放弃城里工作，回村开起了网店，经营草柳编工艺品，组织当地农户为其供货，2012 年销售额就达到 360 多万元，2013 年超过 800 多万元，直接带动了 400 余个家庭增收。

（3）离不开基层政府的适时引导。许多淘宝村是自发形成的，在发展到一定规模后，当地政府的引导作用就显得十分关键了，特别是在信息、人才、资金及市场拓展、公共服务平台建设等方面的进一步支持和服务，都会极大地增强村民开展电子商务的信心和动力。如揭阳军埔村由政府购买服务，对有志青年免费培训；睢宁县沙集镇成立电子商务协会，利用协会平台，进行资源整合和人力培训，规范网络销售行为；山东大集乡党委政府出台了鼓励电子商务发展的优惠政策，组织成立淘宝产业协会，帮助村民扩展经营场地，免费为企业代办公司注册、协调当地金融机构解决融资问题等，都为电子商务的快速发展发挥了积极的推动作用。

3．淘宝村的未来转型之路

淘宝村作为一种新型的经营业态和营销模式，在其发展过程中，也无一例外地碰到了传统产业扩张转型中的问题，如场地、资金、人才、品牌等。目前，淘宝村正进入提质转换期，未来发展必然是集约化、规模化、品牌化和生态化，要求在产业发展和政府服务两个方面加速实现转型升级。具体来看，将逐步显现出五个方向的转变。

（1）经营方式由家庭作坊为主向工厂化、公司化转变，特色产业向集约化、规模化发展。在这一过程中面临的突出问题就是场地受限、融资困难。目前商户生产和仓储所用房屋大多为自有住宅或由养殖场所改建而成，淘宝村经营商户大多为家庭作坊或个人网店，没有固定资产可以抵押贷款，即使一些年经营规模达到百万元的较大商户，也不易获得金融支持。

（2）一般产品制作向品牌经营转变。由于目前淘宝村进入门槛较低，各家商户生产销售的产品基本类同，注册商标不多，知识产权保护意识不强。很多商户没有自主设计能力，样式图片以拷贝他人为主。同质化竞争不可避免带来价格战，个别网店一味靠压低价格促销，甚至同村低价竞争。随着淘宝村网络商户的整体经营水平和品牌意识不断提升，一些成熟网络商户开始从淘宝集市店铺向天猫转型，一些商户已开始策划自主品牌经营。

（3）单一经营模式向制造与营销的分离转变。一些商户逐渐脱离制造环节，专门从事网上经营活动，通过网上旗舰店来整合线下资源，有的经营商户一家就带动数百家制作商户，还有的商户开始向代运营、设计、创意延伸，出现了精细化分工。由此也带来了人才短缺问题，由于农村生活、工作条件的相对落后，一些有着较高学历或一定工作经验的专业人才很难引进和留住，人才不足在一定程度上制约了网络商户经营水平的进一步提升。

（4）基层政府的服务由粗放、单一向多样、精细、中介委托方向转变。要求政府服务不仅在场地、物流、市场等常规领域，还要在规划、信息、金融、人才引进和培训等高端领域提供更好的服务。例如，采用政府购买方式，引入第三方电子商务服务商等专业中介团队为企业提供更加精细化、定制化的服务。

（5）自然村落向一定人口规模的村镇转变。“淘宝村”特色产业的聚集发展，对周边地区具有很强的辐射效应，不仅实现产业链扩张，还大量吸纳人口聚集，使得淘宝村从“村”向“镇”扩展。

4.5 拓展案例

紫魅：只做紫色生意的淘宝店

如果把消费者的需求与电子商务结合起来看，会发现电子商务整体已经开始由价格阶段进入视觉阶段。尽管用这样的方式来解释紫魅这家店铺的定位可能并不完全正确，但当老板唐少决定将店铺所有女包换成紫色的时候，他应该也深信视觉对消费者决策带来的冲击。

1. 小到只做紫色的生意

2012 年 8 月才上线的“紫魅”，目前只出售紫色的女包和配饰。紫魅尊重个人对于色彩的偏爱，如果消费者热爱紫色，紫魅可以满足其对于紫色的喜好，在这里可以一次性买到紫色的手提包、双肩包、斜挎包、旅行包……甚至是围巾、眼镜、腰带、手链等配饰，以后还可能买到紫色的鞋子、袜子，甚至自行车。

在创立“紫魅”这个女包品牌之前，唐少做的是情侣包的生意。尽管听起来也比较小而美，但产品开发既费时又费力，受众的消费能力也有限，因此店铺的客单价和销售额一直较为平淡。

在进行 SKU（库存量单位）拓展时，一直琢磨着如何突破瓶颈的唐少随手发布的一款紫色女包在不借助任何推广的前提下，月销量达到数千，并且持续热销。他想弄明白这种单纯热爱背后的深层原因，因此开始对客户“一对一”地深度采访。例如贵州的一个客户，因为产品图片中有薰衣草的配图，一次性买了 3 个紫色的包，在采访中激动地和唐少分享她对于紫色的热爱；在店铺的买家秀中，一些消费者分享着把家装修成紫色、让全家穿上紫色衣服的快乐。

唐少认为，在电子商务时代，商家需要放低姿态倾听消费者的声音，洞察这群人的共性需求，因为“市场就在大脑中，市场就是客户向往的地方”。“既然这些女人有着对于紫色的狂热追求，恨不得世界都是紫色的，为何我不做和紫色有关的生意？”

很快，唐少就开设了“紫魅”这个以单一颜色为卖点的女包店铺。他没有研究过什么是“小而美”，只是跟着自己敏锐的商业嗅觉实践这一疯狂的想法。

2. “美”到让消费者忘记价格

在阿里研究中心发布的《小即是美 2012 年度网商发展研究报告》中，美是“幸福感和消费者共同参与创造的至爽的产品服务体验”。紫魅无意中就是这么做的。

首先是视觉上的冲击。如今的紫魅，店铺里的视觉要素紧紧围绕紫色：薰衣草、紫罗兰、紫色郁金香、紫水晶……所有紫色控无法拒绝的物品都可以在这里找到，店铺介绍和产品描述中也注重浪漫梦幻的场景营造。消费者一进入店铺就被包裹在紫色中，幸福感很强。

其次是了解并尊重每一个消费者。对于喜欢紫色的女人，唐少总结了一些共性：她们优雅、执着、追求有品质的生活，有自己独立的生活态度，而且“这些女性购买时几乎不会讲价，消费能力也比较高”。

为了研究消费者，他带领客户团队给每一个成交客户建立详细的档案，除了消费详情，还包括生日、家庭情况、工作单位，甚至是出差频率等，针对不同客户进行个性化的营销。根据唐少的分析，一个二线城市生了两个女孩的紫色控妈妈和一线城市的成熟白领对于价格的敏感度不同，这就要求营销时提供的产品信息也有所不同。

同时他将消费者对于紫色的爱好进行分级管理，为“超级紫色控”建群，每次新品上线，唐少会先在这群老客户中进行试用，让她们提交体验报告，在客户自己注明的可接受的价格范围的基础上，略微降价制造消费者“赚了”的感觉。

上线至今不到半年时间，紫魅淘宝店的重复购买率可以达到 30%，客单价为 200 元左右，摆脱了女包类目客单价百元以下的惨烈竞争；2012 年的“双十一”活动，紫魅成为淘宝箱包分会场的黑马，销售额在当天达到了 20 万元，而平日里只有 8000 元左右。

如果唐少可以将紫色有关的生意做得风生水起，在无所不能的淘宝上，做红色、绿色、黄色是否一样可以获得关注、赢得市场？

对此，唐少毫不犹豫地表示了肯定。他认为，不管什么颜色，都会有自己的固定消费者群体，“非常欢迎别人做其他颜色，这样就可以和紫魅形成互动，我也算找到了一个知音”。

但倘若对手也做了紫色，而且运营和资本能力更强，刚刚走上正轨的紫魅又该如何应对？

“他若做紫色呢，我不反对也不支持。我不怕对手，这是一个人力、物力堆积的过程，很少有人愿意经历这么辛苦的堆积。他若只是模仿我，他有自己的核心吗？有核心竞争力和独特想法的人会去模仿别人吗？”

还好，暂时唐少还没有发现有人跟他一样“疯”了。

思 考

1. 紫魅为什么能够成功？
2. 简要分析紫魅通过什么途径了解消费者的需求。

4.6 本章总结

C2C 电子商务是我国发展比较早的一种模式，对人们日常生活产生了深远的影响，改变了人们的购物习惯，解决了我国就业严峻的问题，缩短了发达城市和落后城市之间的差距，带动了我国农村经济的发展。本章介绍了我国发展比较成熟的、人流量比较大的淘宝网的创新模式，从和日本乐天的对比中探索淘宝网成功的关键；女裤专家米莉雅通过精益求精的线下内功和声东击西的线上奇招，迅速跻身网络女裤的第一阵营；最后对比较成功的淘宝村进行了介绍与分析。

4.7 课外练习

1. 企业成功开展 C2C 的因素有哪些?
2. C2C 模式适合哪些行业?并阐述原因。
3. 深入剖析模式如何改变现有商业生态?举例说明。

PART 5

第5章 O2O电子商务案例

本章学习目标

- 了解O2O模式的定义、优势、适合的企业类型、对企业产生的影响
- 掌握企业开展O2O电子商务的基本流程
- 能够参与设计企业O2O业务

5.1 基本知识点

1. O2O模式的定义

O2O即Online To Offline，就是将线下商务的机会与互联网结合在一起，让互联网成为线下交易的前台。这样线下服务就可以用线上来揽客，消费者可以用线上来筛选服务，成交可以在线结算，可很快达到规模。从这个宽泛的意义来说，分类信息网站、点评类网站、团购类网站、订餐类网站等网站类型都属于O2O范围。该模式最重要的特点是推广效果可查、每笔交易可跟踪，相对传统网络购物更强调互动与体验。图5-1形象地解释了什么是O2O模式,图5-2解释了B2C、C2C、团购与O2O的不同点和相同点。

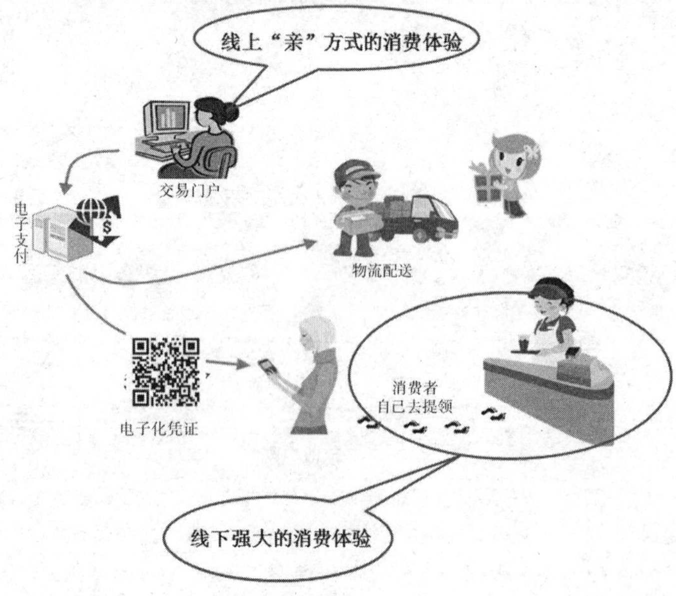

图5-1 O2O模式

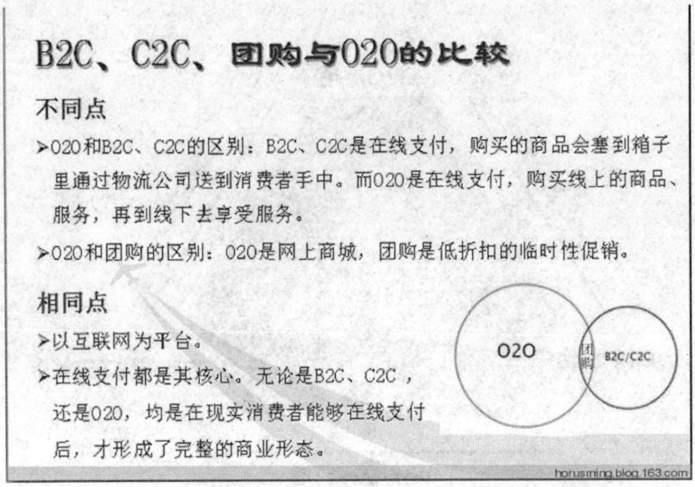

图 5-2　B2C、C2C、团购与 O2O 的不同点与相同点

2. O2O 模式的优势

（1）由于是线下体验服务，因此相对信任度更高，成交率也更高。

（2）对于连锁加盟型企业来说，能顺利解决线上线下渠道利益冲突问题，而 B2C 模式是无法避免线上和传统加盟商的渠道冲突，尤其是价格上的冲突。

（3）对于生活服务类来说，具有明确的区域性，消费者更精准，线上推广传播更有针对性。

（4）能更好地发挥线下的服务优势，具有体验营销的特色。

（5）通过网络能迅速掌控消费者的最新反馈，进行更个性化的服务和获取高黏度重复消费。

O2O 模式对线下商家、消费者、O2O 平台的影响有以下几方面。

（1）线下商家：降低了线下商家对店铺地理位置的依赖，减少了租金方面的支出；持续深入进行“客情维护”，进而进行精准营销。

（2）消费者：O2O 提供了丰富、全面、及时的商家折扣信息，能够快捷筛选并订购适宜的商品或服务，且价格实惠。

（3）O2O 平台：带来大规模高黏度的消费者，进而能争取到更多的商家资源。本地化程度较高的垂直网站借助 O2O 模式，还能为商家提供其他增值服务。

3. O2O 模式适合的企业类型

（1）连锁加盟型的企业，或者大型渠道流通品牌商，因为加盟门店分布广，并且有线下服务优势，借助 O2O 模式，能迅速促进门店销售，及进一步扩大连锁加盟商数量。

（2）本地生活服务企业，如酒吧、会所、餐饮、电影等，因为产品无法快递，只能在线下体验服务，所以可以通过线上下单、线下体验服务的方式抢占更多消费者。

目前，旅游、教育、家居、家政、婚嫁、母婴等众多行业都在积极开拓 O2O 业务，希望在互联网领域博得一片天地（见图 5-3 和图 5-4）。

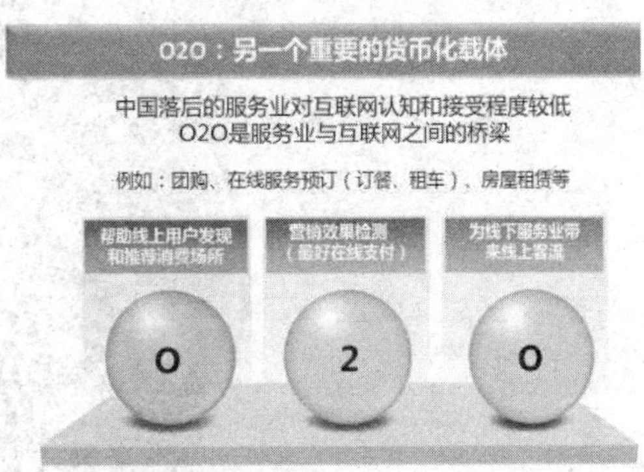

图 5-3　O2O 模式应用

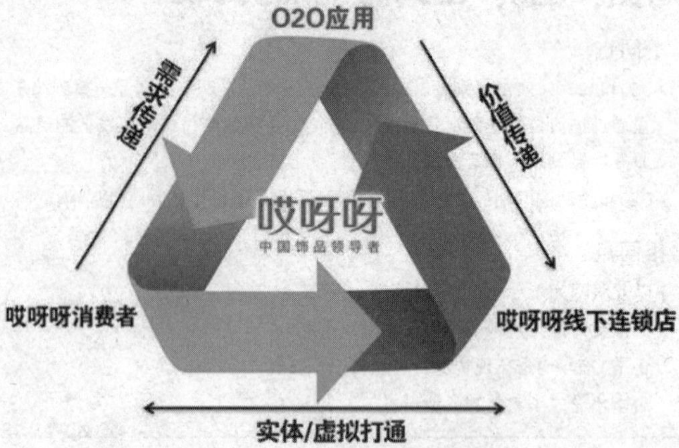

图 5-4　哎呀呀 O2O 模式应用

5.2　咖啡巨头星巴克的 O2O 实践及启示

5.2.1　星巴克公司概况

星巴克（Starbucks）咖啡公司（见图 5-5）成立于 1971 年，是世界领先的特种咖啡的零售商、烘焙者和星巴克品牌拥有者。旗下零售产品包括 30 多款全球顶级的咖啡豆、手工制作的浓缩咖啡和多款咖啡冷热饮料、新鲜美味的各式糕点食品以及丰富多样的咖啡机、咖啡杯等商品。1987 年，现任董事长霍华德·舒尔茨先生收购星巴克，从此带领公司跨越了数座里程碑。1992 年 6 月，星巴克作为第一家专业咖啡公司成功上市，迅速推动了公司业务增长和品牌发展。当前公司已在北美、拉丁美洲、欧洲、中东和太平洋沿岸 37 个国家拥有超过 12000 多家咖啡店，拥有员工超过 117000 人。长期以来，公司一直致力于向顾客提供最优质的咖啡和服务，营造独特的“星巴克体验”，让全球各地的星巴克店成为人们除了工作场所和生活居所之外温馨舒适的“第三生活空间”（见图 5-6）。与此同时，公司不断地通过各种体现企业社会责任的活动回馈社会，改善环境，回报合作伙伴和咖啡产区农民。鉴于星巴克独特的企业文化和理念，公司连续多年被美国《财富》杂志评为“最受尊敬的企业”。

图 5-5　星巴克商标

图 5-6 星巴克环境

5.2.2 星巴克 O2O 运营模式

星巴克在其 CEO 霍华德·舒尔茨的领导下，一方面格外注重客户体验，始终致力于提供最好的咖啡及咖啡消费环境；另一方面，星巴克也十分注重利用互联网（Online）来营造线上社区为其整体品牌形象服务，以配合和促进线下（Offline）门店的销售。星巴克接受新事物速度较快，其互联网之路从 1998 年开始逐步展开。

1．建立网上社区，使线上为线下服务

星巴克是最早触网的传统餐饮企业之一，早在 1998 年，星巴克就上线了官方网站 Starbucks.com，以方便越来越多的网民通过网站来了解星巴克。2008 年，星巴克发布了互动网上社区 My Starbucks Idea.com，以鼓励消费者通过这个网站给星巴克提建议。星巴克切实重视网民的反馈，到 2013 年 3 月 My Starbucks Idea 五周年时（见图 5-7），星巴克共收到了 15 万条意见和建议，其中有 277 条建议被星巴克实施。星巴克通过网上社区（Online）鼓励消费者提出建议，并在线下门店（Offline）做出相应调整，建立了其在年轻消费者心目中的品牌形象。

星巴克 My Starbucks Idea 网上社区 5 周年数据

图 5-7 星巴克 My Starbucks Idea 网上社区 5 周年数据

2．门店普及免费网络，吸引线下消费者

星巴克把自己定位为客户除工作场所和家庭外的第三空间，为客户尽可能提供便利以增强客户黏性。星巴克早在 2001 年就和微软合作，开始在门店里为消费者提供 Wi-Fi 收费网络服务。为提供更好的 Wi-Fi 服务；另一方面，星巴克逐步把 Wi-Fi 网络改为免费提供，并且逐步放开了使用时长限制。到 2010 年 7 月，星巴克开始在全美提供无需注册、无时长限制的免费 Wi-Fi。

2010 年 10 月 20 日，星巴克正式启动了 Starbucks Digital Network（星巴克数字网络）服务，使顾客在星巴克门店内可以通过免费的 Wi-Fi 网络，免费阅读《华尔街日报》《纽约时报》《今日美国》《经济学人》等付费内容。星巴克提供免费线上服务（Online），为线下门店（Online）吸引并留住了大量顾客，无论从收益还是品牌角度考虑都相当成功。

3．利用社交网络，高效进行品牌推广

2004 年 Facebook 上线，2005 年 YouTube 成立，2006 年 Twitter 发布，社交化网络时代的到来给传统企业带来机遇的同时，也使它们面临巨大挑战。星巴克顺应潮流，在 2005 年 11 月就注册了 YouTube 账号，并组建专门团队运营其 Facebook、Twitter 和 YouTube 账号。凭借线下良好的品牌声誉和线上妥善的运营，星巴克成为了各大社交网络上最受网民喜欢的餐饮品牌之一。截至 2013 年 4 月 17 日，星巴克的 YouTube 账号有 17587 位订阅用户，其视频被观看次数达 749 万次；星巴克的 Facebook 账号共收到过 3426 万“喜欢”（Like）；而其 Twitter 账号的粉丝数更是高达 365 万人。

除了以上几个社交媒体及社交网络外，星巴克也积极利用 Pinterest、Instagram 和 Google+ 等后起社交网站为自己服务。截至 2013 年 4 月 17 日，星巴克的 Pinterest 有 81340 位粉丝，远多于其他餐饮企业（同期麦当劳仅有 2190 位粉丝，肯德基仅有 1644 位粉丝）；星巴克的 Instagram 账号有 118 万粉丝；而其 Google+账号也有高达 153 万位粉丝（见图 5-8）。

图 5-8　星巴克粉丝数

和传统媒介相比，以 Facebook 和 Twitter 为代表的社交网络和社交媒体能更高效地进行品牌营销推广。由于星巴克的大力重视并积极实践，其已经在主流社交网络及社交媒体上建立起非常好的品牌形象，这对于星巴克把品牌形象渗透到年轻用户，为未来进一步发展打下了良好基础。

4．移动互联网时代积极进行 O2O 探索

互联网的一大趋势是社交化，另外一大趋势是移动化。在如今的移动互联网时代，星巴克也已经做好相关准备并取得了不少成功经验。2009 年前，星巴克为客户提供短信查询附近门店的服务；根据客户在其网上社区 My Starbucks Idea 的建议，2009 年 9 月星巴克正式上线了第一

个客户端 My Starbucks，使用户能更快捷地查询到附近店铺及菜单饮品信息。此后，星巴克发布了多款 iOS 和 Android 版的应用，其中 2011 年 11 月发布的 Starbucks Cup Magic APP 和 2012 年 6 月发布的 Early Bird APP 属于创意型应用，通过带有乐趣或鼓励的方式进行营销，取得了非常不错的效果。

而在对 O2O 至关重要的移动支付领域，星巴克的力度和动作更大。2011 年 1 月，星巴克就发布了移动支付的客户端，在第一年里星巴克移动交易额就超过 2600 万美元；到 2013 年 1 月，共有超过 700 万顾客使用星巴克的移动支付 APP。星巴克另外一个大动作是在 2012 年 8 月向移动支付企业 Square 投资 2500 万美元；紧接着 11 月 7 日，Starbucks 正式在其门店使用 Square 服务。2013 年 1 月初，星巴克在其美国 7000 多家门店开售 Square 刷卡器，以 10 美元购买激活即送 10 美元的方式来进行促销。星巴克通过自己的技术开发以及和 Square 的密切合作，已经在移动支付领域迈出了重要步伐，这将为星巴克 O2O 线上线下融合及进行更高效管理提供坚实保障。

5.2.3 星巴克 O2O 实践成功经验分析及启示

1. 星巴克 O2O 实践成功经验分析

星巴克积极探索 O2O 道路取得了巨大成就，2013 年 4 月 16 日发布的文章《美国餐饮企业 O2O 化排行榜：星巴克居首》里，美国餐饮新闻网（NRN）以美国主流的三大社交媒体及社交网络（Facebook、Twitter 和 YouTube）为衡量指标对各大餐饮企业的社交化程度进行了排名，星巴克以 107.09 的总分高居美国餐饮企业社交化排行榜榜首（见表 5-1）。

表 5-1 美国餐饮企业社交化排行榜 TOP10

排名	餐饮企业	Facebook 评分	Twitter 评分	YouTube 评分	社交化总分
1	星巴克（Starbucks）	72.34	22.51	12.24	107.09
2	麦当劳（McDonald's）	67.50	14.30	7.02	88.82
3	赛百味（Subway）	48.48	46.89	7.93	73.29
4	塔可钟（Taco Bell）	28.21	12.40	19.51	60.13
5	橄榄园（Olive Garden）	47.95	2.27	2.45	52.67
6	苹果蜂（Applebee's）	41.35	8.80	2.08	52.23
7	奇波特（Chipotle）	22.70	10.85	17.28	50.83
8	布法罗鸡翅（Buffalo Wings）	35.56	8.95	5.28	49.79
9	冰雪皇后（Dairy Queen）	39.26	3.56	6.60	49.43
10	猫头鹰餐厅（Hooters）	25.02	3.71	19.64	48.36

数据来源：The NRN Social 200，数据截止日期为2013年4月15日。

能取得这样的成功，可以总结为以下几点。

（1）建立强大的品牌优势。星巴克的 O2O 实践成功依赖于线下建立好的强大品牌优势，星巴克在四十多年的发展历程中一直坚持给顾客提供最好的咖啡和最佳的服务，其品牌美誉度受到各方高度肯定。

（2）星巴克积极主动尝试新事物，敢于用新技术去改造和提升其传统服务。和其他传统企业相比，星巴克的创新意识更强，其领导人直接参与和推动线上线下融合，无论从重视程度还是动作力度上都更为果断。

（3）星巴克在利用互联网进行品牌营销和推广方式上也有较多可取之处。星巴克线下已经有大量的用户，所以它在利用互联网进行营销推广时并不是以增加新顾客为第一出发点，而是更加重视维护已有的客户关系。通过互联网和线下已有良好关系的顾客建立新联系，依赖忠实客户在网络上宣传星巴克的理念进行口碑营销，最终达到增加新顾客的目标。同时，星巴克举办线上创意活动（如个性签名饮品），通过星巴克的奖励项目（My Starbucks Rewards）鼓励顾客积极分享，以加大网络传播广度。另外，星巴克一向坚持公益，其在网上推广时注重把品牌营销及公益紧密结合，号召网民参与的同时提高自己的美誉度。最后，星巴克采取全平台营销，而且根据 Facebook、Twitter、Pinterest 等平台的不同特点来进行对应的运营及开展有针对性的活动。

到目前为止，星巴克已经建立了官方网站+网络社区+社交媒体三者紧密结合的线上运营思路，2011 年 8 月，星巴克还开通了购物网站 starbucksstore.com（见图 5-9），从 O2O 的角度来讲，星巴克的线上（Online）部分已经高效承担了品牌营销、产品销售及客户关系管理的三重作用；结合移动互联网的特点，通过在移动支付领域的创新，星巴克的线上和线下已经实现高效融合。

图 5-9 星巴克购物网站

2．星巴克 O2O 经验对国内餐饮同行的启示

相比星巴克线上（online）高效承担了品牌营销、产品销售及客户关系管理三重作用，中国绝大多数餐饮企业并没有从战略上重视线上（Online）的作用；虽然很多中国本土餐饮企业已经开通了相关的社交媒体及社交网络账号，但和国外餐饮企业相比，中国本土餐饮企业利用社交媒体或社交网络的能力还比较弱。中国绝大部分企业的官方微博还处在摆设阶段，粉丝少、微博数量少、和粉丝沟通少是它们的共同特点。

O2O 线上线下结合是未来的趋势，中国本土餐饮企业只有更好地利用好互联网，日后才能有机会成为长盛企业。有实力的本土餐饮企业应尽早建立专门团队，统筹企业的线上营销和销售业务；积极学习和适应社交网络及社交媒体，确保企业品牌在各大平台上的正面曝光；坚持创新，以创意结合礼品赠送等形式来加强和线上用户及粉丝的交流，根据线上意见反馈来完善线下服务。

未来几年将是中国餐饮行业转型升级的关键，中国餐饮企业应该积极拥抱变化，尽快用先进的互联网武装自我，找到线上和线下的融合点，以 O2O 思维努力打造企业未来的核心竞争力。

5.3 Local Harvest：美国最大农产品 O2O 平台案例分析

5.3.1 Local Harvest 公司概况

美国生鲜电子商务 Local Harvest 是连接中小型农场、CSA（Community Supported Agriculture，社区支持农业）农场和消费者的平台。它将本地农场信息汇集起来，为消费者提供了丰富的食物选择。Local Harvest 的理念是"真实的食物，真实的农人，真实的社区"。通过地图检索系统使人们能够便利地选购本地农产品。消费者输入本地区号，就可以检索到本地农场。吃在当地的好处是物流难度高的农产品，如叶菜和禽蛋，通过本地区宅配就可送达消费者。这样可以有效地降低因长途运输而带来的高物流费用。Local Harvest 这种专业化的垂直电子商务网站，大大促进了食物生产和消费的透明度和便捷度。图 5-10 为 Local Harvest 网站首页。

图 5-10　Local Harvest 网站首页

5.3.2 Local Harvest 运营模式

美国生鲜电子商务 Local Harvest 是美国第一大农产品 O2O 平台，其运营模式表现在以下几个方面。

1. 平台上汇集各地农场商品信息

美国有超过 2 亿个农场，其中 80%都是小农场（见图 5-11），这些小农场大多数都是归一些农户或家庭所有，他们把自家农产品在 Local IIarvest 网站上直接卖给消费者。

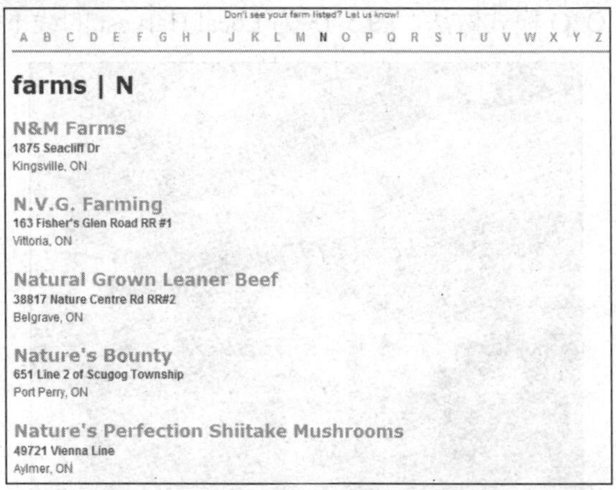

图 5-11　Local Harvest 网站上汇集的农场

2. 顾客通过网站或手机 APP 能随时搜索到附近农场信息

Local Harvest 是一个在线农产品搜索社区服务的网站。Local Harvest 通过将农产品搜索和Google Maps 技术有机地结合起来，形成一种农产品搜索 Google Maps 在线购买的模式（见图 5-12）。顾客输入邮编，便会找到附近的农场、农贸市场、餐馆等。

图 5-12　local harvest 在线搜索

3. 用颜色识别商店类型

在 Local Harvest 网站上，我们看到这样一张美国地图，其中绿色方块标注的是农场所在的位置，红色代表农贸市场或商店，蓝色表示由附近农场供给的餐馆，紫色则是杂货店所在的位置。输入所在地的邮编，网页上就会提示附近的农场、市场和餐厅等信息。

4. "品位自然"和"亲近自然"的特色服务

对于消费者来说，Local Harvest 的魅力来自其"品位自然"和"亲近自然"的特色。在"品位自然"方面，除了提供日常生活常食用的绿色食物外，还推出了"味觉方舟"计划。该计划旨在寻找将会消失的食物的味道和过去的味道。网站通过搜集大量有特色的食物，有小白火鸡、美洲胡桃、花牛苹果等，让消费者体会到非同一般的味道。至于"亲近自然"，则是 Local Harvest 提供给消费者与农场互动的平台。农场可在 Local Harvest 网站上发布实地考察、学农和节庆等农场活动信息，让喜欢田园生活、爱美食、爱劳动的消费者能够参与到农业的实践中来，体验到亲近自然的快乐。最重要的是，消费者通过参与劳动实践，更加信任农场，相信农产品的安全可靠性。这是典型的 O2O 模式做法。图 5-13 为 Local Harvest 的线下体验店。

图 5-13　Local Harvest 的线下体验店

5. 提供农场管理软件 CSAware

对于农场来说，Local Harvest 不单单是一个可供售卖的在线交易市场。它还为农场提供农场管理软件 CSAware（见图 5-14），极大地提升了农场管理的效率，使农场管理者可以专心致力于农业生产。CSAware 的功能主要有在线订单管理、会员管理、配送管理和财务管理。Local Harvest 会根据不同农场的实际状况，对软件的部分功能做出调整。例如根据农场的需要制定不同的优惠券和积分规则。CSAware 是收费软件，在收货季节以后每月固定收取 100 美元使用费，另外还要收取配送食物交易额的 2%作为佣金。通过较低的费率，提高了农场使用 CSAware 的意愿。更重要的是，通过其他渠道而不是 Local Harvest 网站销售出去的农产品，Local Harvest 同样也会获得收入。Local Harvest 改变了以往销售型网站在售卖端进行收费的方式，而是从源头截流。

图 5-14　Local Harvest 管理软件

5.3.3　Local Harvest 成功分析及启示

Local Harvest 不仅仅是绿色农产品行业的"淘宝"，还是绿色农产品的综合电子商务平台。它向行业上下游进行了深度整合。在消费端，提供了多种消费者参与农产品生产和销售的方式，增强了农产品生产的透明度和信任度。在供应端，为农场提供生产和销售的 IT 专业服务，提高了农业生产效率和销售管理水平。

Local Harvest 在解决实际问题方面也存在很多不足的地方，可能无法适应中国目前的行业环境。

首先，Local Harvest 模式的基础是足够多的农场。美国农场数量众多，中小型农场和 CSA 农场有 200 万家。与此相比，中国就少很多，据农业部统计显示，大概有 80 万家家庭农场。现代农业是新兴产业，是一块还未被开垦的处女地，希望更多有知识、有理想、有毅力的年轻人投身农业。

其次，绿色食品的消费理念还没有深入普通消费者。对于普通消费者来说，绿色食品和有机食品的价格过高，让他们望而却步。市场规模的问题影响农场投入更多品种农产品生产，消费者可选择性降低。

网站提供的农场、农场负责人以及耕种等更详细的信息相对较少。

农业是最适合 O2O 模式的电子商务行业，O2O 将线下商务的机会与互联网结合在了一起，让互联网成为线下交易的前台，有助于全面促进农产品的销售渠道建设和流通。对于农业 O2O 来说，尤其关注三个关键词：本地化、服务、坚持。只有好的产品、好的服务、好的买家，相互作用才能形成 O2O 的良性循环。但是，中国农产品 O2O 仍面临以下几个问题：①农民互联网水平相对较差，需要发挥合作社和驻村干部的能力；②农村物流缺失严重；③市场需求方面，需要合理预测市场需求；④食品安全问题。

5.4 拓展案例

5.4.1 黄太吉——最有创意的 O2O

在很多人的固有思维模式里，煎饼是一个上不了“台面”的行当。然而有个人却把煎饼卖到了年收益 500 万的流水。目前这家只有 13 个座位、营业面积只有十几平方米的煎饼铺的估值已接近 4000 万元人民币，这就是黄太吉。

这家煎饼铺的老板叫赫畅，典型的 80 后创业者。从 22 岁起，他先后在百度、去哪儿、谷歌等网站负责品牌与用户体验管理工作，在 26 岁时与英国传奇广告教父萨奇兄弟创办 4A 数字营销公司，在 28 岁时创建数字创意公司 DIF。“黄太吉”是他的第三次创业。

1. 黄太吉煎饼的由来

为什么选择煎饼为自己创业的切入点，赫畅有自己的一套理论。

首先，从行业趋势上，赫畅认为中国的快餐有个特点：要么太接地气，要么太不接地气。另外，中国作为一个饮食大国，孩子的童年被很多国外品牌快餐所包围，这是不正常的，中国人应该有自己引以为豪的快餐品牌。

此外，从制作工艺上讲，中国的美食相对于汉堡、比萨等西式快餐，在标准化工艺上要复杂得多，这也在很大程度上限定了中国快餐的发展。

如何才能既保证快餐的效率，又能还原现吃现做的工艺，且便于携带。综合考虑权衡之后，赫畅发现煎饼是个不错的切入点。

2. 接地气的 O2O：抓住微博营销时代

微博、微信、大众点评 LBS（地理位置服务），每一样黄太吉都运用得很灵活。但并不是和其他一些小店那样开个微博打个广告而已。赫畅非常注重微博、微信营销的效果。在黄太吉的微博上，美食粉丝们在上面进行频繁互动。对于微博营销，赫畅主要关注以下几个方面。

（1）话题附着力与分享精神。首先，无论是企业微博，还是其他社交媒体形式，要想让大家参与话题讨论，首先内容一定不要只注重宣传产品，而要有话题性，这样讨论内容才有附着性。而黄太吉在话题的附着力上下足了工夫。时不时抛出一些带有附着力的话题（见图 5-15），引发大家的讨论和围观，例如煎饼店开进 CBD、老板开奔驰送煎饼、美女老板娘送餐、煎饼相对论公开课等，这已成为很多粉丝们津津乐道的话题。

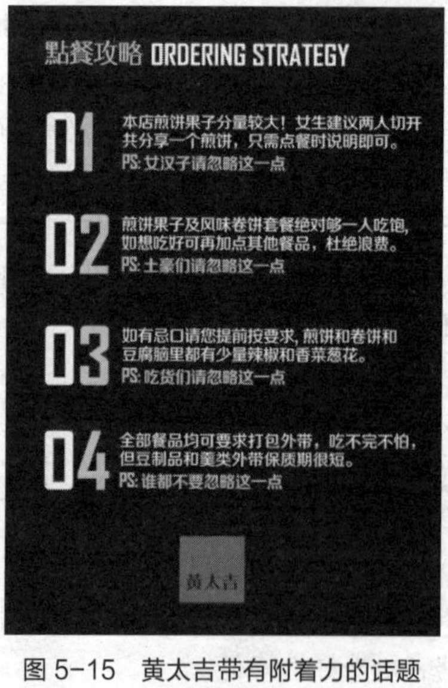

图 5-15 黄太吉带有附着力的话题

据说，赫畅是百度的设计大拿，因此在店面的摆设上，到处都是“别具匠心”，细节之处见功夫。店里的陈设是直接面对消费者的，食客见了有趣的东西，都会第一时间发微博分享。这些“别具匠心”的摆设，成为了消费者微博上的好素材，也让消费者无意中成了“商家”的义务宣传员。有这么多“创意”和“分享”元素，黄太吉在微博上迅速走红，就不足为奇了。

很难想象在一个只有 13 个座位的煎饼铺里，还提供无线上网服务，之所以这么做，赫畅希望能为顾客建立一个“分享”的环境和氛围，让大家在快速用餐时就把自己“用餐经验”快速分享出去，传递给自己的朋友。

（2）强化与顾客的互动性。无论是企业微博，还是其他社交网络，单单提供好玩和话题性很强的内容都是不够的，还要积极地与用户和消费者进行交流和互动，在与用户的互动中，捕捉有趣的内容。再者，只有在交流的过程中，才能够与消费者建立感情，真正成为品牌的铁杆粉丝。

在黄太吉传统美食的官方微博中，时不时会晒一些与消费者真诚交流的短信，让消费者感觉很贴心。另外，在官方微博上还发起“最大订单”的竞赛，既增强了消费者的参与性，又促进了销售。这样的订单竞赛，几乎对所有商家都很实用。

（3）社交营销跨平台。黄太吉不仅会用微博，还有大众点评、微信、QQ、陌陌，几乎所有的社交媒体形式，他们都在用。特别是跟定位服务（Location Based Services,LBS）结合的“微信”“陌陌”等即时通信工具，都可以用来订餐和推送促销信息，非常实用。

黄太吉利用微博这种社会化信息网络，传递口碑，传播信息；用微信等社会化关系网络，进行订餐和客户服务，用最接近顾客的方式进行 O2O 营销。

（4）整合传统媒体。社交媒体，毕竟仅限于年轻人。而煎饼果子，却是老少皆宜的，对所有客人都开放的。电视，目前还是强势媒体，具有广泛的影响力和受众基础。黄太吉在自身的推广过程中，主推社交媒体，同时也“热情拥抱”电视媒体。正是通过“北京电视台的 BTV 美食地图节目”，才使这家店让更多的吃客熟知，将其影响力扩散到全社会。对于黄太吉的营销，赫畅认为，往往看上去越不像营销的“营销”，产生的效果反而会更好。

3. 坚持小而美

从 2012 年中旬开业至今，黄太吉不仅得到了众多食客们的拥趸，更吸引了很多投资人的注意，目前主动找上门来的风投包括经纬创投、创业工场等国内众多知名风投，每天打电话来寻求加盟的人更是前赴后继。但是黄太吉只做直营，不做加盟。这样可以在品质把控上更利于管理和监督，把黄太吉这个品牌做得长远绵长。

对于黄太吉目前取得的成绩，赫畅认为这既是意料之外，也在情理之中。“良心用好料，还原老味道”，这是黄太吉所倡导的经营理念。“在用料上，坚持用有机生菜、纯绿豆面、无矾现炸油条。相对于“用好料”，黄太吉最想强调的其实是“老味道”，煎饼、豆腐脑、油条，这“老三样儿”是黄太吉店里的主打商品，也是食客们点击率最高的产品，公司希望把那些老味道赋予新的生命，在被西化的中国快餐市场树立新的标杆。

未来 30 年将是传统回归年，很多被记忆冲淡的事会重新回归传统，餐饮也是如此。

思考

（1）黄太吉煎饼成功的因素有哪些?

（2）黄太吉如何通过 O2O 模式把煎饼推向市场?

（3）黄太吉如何增加客户的忠诚度?

5.4.2 移动O2O模式在服装行业的应用

1. 门店模式（核心是线上向线下导流）：优衣库

门店模式是指把门店作为O2O的核心，强调O2O为线下门店服务的工具性价值，O2O主要用来为线下门店导流、提高线下门店销量。例如线上发放优惠券线下使用，增加门店销量；线上发布新品预告和相关搭配，吸引用户到店试穿、刺激用户购买欲望；收集门店用户数据，做精准营销；通过地理位置定位功能帮助用户快速找到门店位置，为线下门店导流等。

线上向线下导流的门店模式，主要应用于品牌号召力较强、同时销售以门店体验和服务拉动为主的服装品牌，所以手机APP的主要功能是向线下门店导流。具体模式有门店查找、优惠券、品牌宣传等；也有手机商城，方便用户直接下单。该模式的代表性践行者有优衣库、GAP中国等。

优衣库一直坚信实体渠道（门店）对于消费者而言有着巨大的价值，O2O的主要作用是为线下门店提供服务，帮助线下门店提高销量，并做到推广效果可查、每笔交易可追踪。早在2013年4月，优衣库就实现了"门店+官网+天猫旗舰店+手机APP"的多渠道布局。优衣库的APP支持在线购物、二维码扫描、优惠券发放以及线下店铺查询，其中在线购物功能是通过跳转到手机端的天猫旗舰店来实现的，优惠券发放和线下店铺查询功能主要是为了向线下门店导流，增加用户到店消费的频次和客单价。

优衣库的O2O布局简单、直接、有效，在策略方面，优衣库已经实现了线上线下的双向融合。首先，APP上所展示的优惠券、二维码都是专门为门店设计的，只能在实体店内才能扫描使用，实现从APP直接导流到门店；其次，优衣库店内商品和优惠券的二维码也是专门为自有APP设计的，只能用优衣库的APP才能扫描识别，从而将线下门店里的消费人群吸引到线上，提高了APP下载量和使用率。利用APP的优质功能，这些优衣库APP的使用者又会成为门店更忠实的消费者，从而形成良性循环。

2. 私人定制模式：绫致时装

私人定制模式是指利用O2O工具（第三方O2O平台、自有APP等）建立起品牌商与消费者之间的长期联系和无缝沟通，充分利用国内微信、微淘等移动APP大入口的便利优势，结合自身的服务、体验，进行融合式创新，为用户提供个性化的服务和体验创新。

一方面，品牌商可以基于消费者过去的消费记录向其单独推送商品和优惠信息；另一方面，消费者也可以主动向品牌商提出自己的个性化需求（预约试穿、送货上门等），品牌商会有专人为其提供"一对一"服务，满足消费者对服装品牌的"私人定制"。

该模式由绫致时装公司首创，目前也在积极实践中，绫致旗下的品牌有杰克琼斯和ONLY等，依靠"一对一"的导购来提升销售额。导购服务和试穿服务相对优衣库来说更加关键，如何利用移动O2O将线上的便利性和线下的"一对一"导购、试穿融合，是O2O模式成功的关键。

绫致时装的O2O主要体现在与腾讯微生活的战略合作上，目前利用微信的"公众账户+微购物平台"做入口，暂时只有品牌营销、新品宣传、手机购物等功能，正在测试跟导购的一对一融合，实现在线导购、预约试衣等功能；用户到店之后，导购人员会根据用户的需求进行服装推荐和精准度更高的导购。这种"私人定制"的导购可以让用户提前筛选服装，节省用户的时间，门店导购可以提前安排，比如选定服装款式提前准备好，导购人员还可以根据用户的特殊需求做服装的个性化推荐。

绫致时装是典型的导购驱动型公司，导购与消费者之间的亲密互动是促成门店销量的关键因素，因此微信所具有的便利的即时沟通方式、庞大的用户基础和社交关系网更符合绫致时装期望通过 O2O 实现"私人定制"的未来设想。绫致时装的 O2O 布局非常高调，不仅有高层现身讲述经验,腾讯微生活也在推广微购物时将其作为成功案例加以宣传。但目前绫致时装的 O2O 之路才刚刚起步，虽然 O2O 理念及未来实现"私人定制"的设想非常激动人心，但是线下零售店以体验式+导购式为核心，以此打通手机互动难度很大。从欧美零售业移动 O2O 的成功经验来看，大部分用户在手机购物时选择只有两个：或者直接用手机购买，或者到实体店后用手机享受所在门店的服务（优惠券使用、精准活动、扫码查商品信息等）。所以手机 APP 的功能主要包括到店功能和远程功能（手机购物、电子期刊、产品查询等）两大部分，让用户使用手机联络导购，还要预定到店服务（试穿、导购等服务），从体验上已经给用户造成了麻烦，除非从品牌选择上是不可或缺的，相信绫致时装旗下品牌还无法做到。

3. 生活体验店模式：美特斯邦威

生活体验店模式是指品牌商在优质商圈建立生活体验店，为到店消费者提供 Wi-Fi、平板电脑、咖啡等更便利的生活服务和消费体验，从而吸引消费者长时间留在店内使用平板电脑或手机上网，登录和下载品牌自有 APP，以此实现线下用户向手机 APP 的转化。

该模式在服装零售行业的典型实践者是美特斯邦威。

以"不走寻常路"著称的美特斯邦威服饰在 O2O 方面也多有尝试。2013 年，美特斯邦威先是与微信合作，后面又开始与支付宝、微淘合作，最近美特斯邦威提出了以"生活体验店+美特斯邦威 APP"的 O2O 模式，并在全国推出了 6 家体验店。美特斯邦威期望通过这些体验店提供的舒适上网服务将消费者留在体验店内，店内提供高速 Wi-Fi 环境和惬意的咖啡，有大量的公用平板电脑供用户使用；用户喝着咖啡，登录美特斯邦威 APP 购买商品，也可在 APP 下单后选择送货上门，以此实现线下向线上导流。

生活体验店模式在服装零售 O2O 领域是一个大胆、新颖的尝试。在这种模式下，门店将不再局限于静态的线下体验，也不再是简单的购物场所，而是在购物的同时可以惬意地上网和休息，尤其给陪着配偶购物的男人们提供一个惬意的环境来休息，他们无聊的时候可以喝着咖啡上网，浏览一下美特斯邦威 APP 上的商品介绍，或者直接用手机下单，快递到家里。这会加大美特斯邦威 APP 的下载量，为用户的手机网购使用量和下单量打好用户基础。

美特斯邦威 O2O 的具体模式还在测试之中，核心是想通过 O2O 的模式提高门店的零售体验，同时加强线下向手机 APP 的导流，加强用户的移动 APP 沉淀，为下一步加强移动网购、互动和会员体系做准备。但是咖啡桌和上网环境（上网台桌等）占用了店面大量空间，以"生活体验"和"上网环境"为核心进行店面改造，是否会背离服装零售的核心?

4. 粉丝模式：歌莉娅

粉丝模式是指品牌商把 O2O 工具（第三方 O2O 平台、自有 APP 等）作为自己的粉丝平台，利用一系列推广手段吸引线下用户不断加入进来，通过品牌传播、新品发布和内容维护等社会化手段黏住粉丝，定期推送给粉丝优惠和新品信息等，吸引粉丝直接通过移动 APP 购买商品。

尝试粉丝模式的案例有歌莉娅。

歌莉娅在 O2O 方面选择了与阿里旗下的微淘合作，2013 年 10 月，歌莉娅在精选出的全国各地近百家门店内摆放了微淘活动物料，吸引到店顾客通过扫门店内的二维码成为歌莉娅微淘粉丝，再加上店铺营业员的针对性引导和现场扫码引导，短短 5 天内让歌莉娅的粉丝增长了 20 万，据统计，活动期间共有超过 110 万用户打开手机访问了歌莉娅天猫店铺。

粉丝模式适合中小型服装品牌，利用社会化平台的粉丝聚集功能，通过门店对现场用户的引导，然后通过粉丝在线互动提高黏性。这样在新品发布、优惠活动或者精准推荐的拉动下，可以提高移动端的网购能力。歌莉娅是通过门店将用户拉到微淘的歌莉娅账户，成为其粉丝。

粉丝可随时接收歌莉娅的新品推荐、活动发布、穿衣搭配建议等信息，然后通过微淘的推荐链接可以直接指向天猫 APP 的歌莉娅旗舰店，进行直接下单。

目前具有粉丝互动功能的社会化 O2O 平台有微信（公众账户）和微淘（粉丝账户），对应的腾讯微购物平台和天猫平台都可以帮助用户直接进行手机网购。这种模式实际上是线下向线上反向导流，提高用户移动购物的频率和黏性。但商家需要避免线上线下价格不一致导致的互搏困境。

以上服装零售移动 O2O 的模式还都在探索期，国内服装品牌的行业集中度太低，品牌黏性都没有养成，这时候品牌自己做移动 APP 有难度，可以借助第三方移动 O2O 入口，例如微淘、微信等，结合自身零售体系特点和目标用户特征，摸索更个性化的移动 O2O 解决方案。虽然没有行业标准答案，但是对服装品牌来说，移动 O2O 的大方向是提高门店竞争力，充分利用移动端的互动优势，提高用户到店消费的频率、转化率和提篮量。移动是工具，零售是本质，两者充分结合是未来服装品牌电子商务化的核心。

思考

（1）优衣库如何实现线上向线下的导流？
（2）绫致时装时装的私人定制模式面临哪些困境？
（3）简要说明服装行业的核心。
（4）粉丝模式对服装企业会产生什么影响？

5.5 本章总结

现实中，O2O 产业做得风生水起的并非互联网巨头公司，而是那些街头店铺，借助移动互联网一开始就是线上线下的融合。O2O 是移动互联网发展之后的必然趋势，是互联网电子商务公司与其他非互联网公司的交集，也给予了所有企业以平等的商业机会，是网络交易落地化的必由之路。现如今，国内众多行业纷纷涉足 O2O 业务，但比较成功的案例并不多，本章选取了国外两个典型案例，分析他们成功的关键因素，希望能对国内企业有所借鉴和参考。

5.6 课外练习

1. 企业成功开展 O2O 的因素有哪些?
2. O2O 模式适合哪些行业，并阐述原因。
3. 深入剖析 O2O 模式如何改变现有商业生态?举例说明。

PART 6

第6章 移动电子商务案例

本章学习目标

- 了解移动电子商务发展的前景
- 掌握企业开展移动电子商务的方式

6.1 基本知识点

移动电子商务就是利用手机及掌上电脑（PDA）等无线终端进行的B2B、B2C或C2C的电子商务。它将因特网、移动通信技术、短距离通信技术及其他信息处理技术完美地结合，使人们可以在任何时间、任何地点进行各种商贸活动，实现随时随地、线上线下的购物与交易、在线电子支付以及各种交易活动、商务活动、金融活动和相关的综合服务活动等。

6.1.1 移动电子商务提供的服务

1. 银行业务

移动电子商务使用户能随时随地在网上安全地进行个人财务管理，进一步完善因特网银行体系。用户可以使用其移动终端核查其账户、支付账单、转账以及接收付款通知等。

2. 交易

移动电子商务具有即时性，因此非常适用于股票等交易应用。移动设备可用于接收实时财务新闻和信息，也可确认订单并安全地在线管理股票交易。

3. 订票

通过因特网预订机票、车票或入场券已经发展成为一项主要业务，其规模还在继续扩大。因特网有助于方便核查票证的有无，并进行购票和确认。移动电子商务使用户能在票价优惠或航班取消时立即得到通知，也可支付票费或在旅行途中临时更改航班或车次。借助移动设备，用户可以浏览电影剪辑、阅读评论，然后订购邻近电影院的电影票。

4. 购物

借助移动电子商务，用户能够通过其移动通信设备进行网上购物。即兴购物会是一大增长点，如订购鲜花、礼物、食品或快餐等。传统购物也可通过移动电子商务得到改进，例如，用户可以使用“无线电子钱包”等具有安全支付功能的移动设备，在商店里或自动售货机上进行购物。随着智能手机的普及，移动电子商务通过移动通信设备进行手机购物，让顾客体会到购物更随意、更方便。如今比较流行的手机购物软件如“掌店商城”等，实现了手机下单、手机支付，同时也支持货到付款，不用担心没有PC就会错过的限时抢购等促销活动，尽享购物便利。

5. 娱乐

移动电子商务将带来一系列娱乐服务。用户不仅可以从他们的移动设备上收听音乐，还可以订购、下载或支付特定的曲目，并且可以在网上与朋友们玩交互式游戏，还可以游戏付费，进行快速、安全的博彩和游戏。

6. 无线医疗

医疗产业的显著特点是每一秒钟对病人都非常关键，在这一行业十分适合于移动电子商务的开展。在紧急情况下，救护车可以作为治疗的场所，而借助无线技术，救护车可以在移动的情况下同医疗中心和病人家属建立快速、动态、实时的数据交换，这对每一秒钟都很宝贵的紧急情况来说至关重要。在无线医疗的商业模式中，病人、医生、保险公司都可以获益，也会愿意为这项服务付费。这种服务是在时间紧迫的情形下，向专业医疗人员提供关键的医疗信息。由于医疗市场的空间非常巨大，并且提供这种服务的公司为社会创造了价值，同时，这项服务又非常容易扩展到全国乃至世界，我们相信在这整个流程中，存在着巨大的商机。

7. 移动 MASP

一些行业需要经常派遣工程师或工人到现场作业。在这些行业中，移动应用服务提供商（移动 MASP）将会有巨大的应用空间。MASP 结合定位服务技术、短信息服务、WAP 技术以及呼叫中心（Call Center）技术，为用户提供及时的服务，提高用户的工作效率。

6.1.2 移动电子商务的特点

1. 编辑方便

移动终端既是一个移动通信工具，又是一台移动 POS 机、一个移动的银行 ATM 机。用户可在任何时间、任何地点进行电子商务交易和办理银行业务，包括支付。

2. 不受时空控制

移动商务是电子商务从有线通信到无线通信、从固定地点的商务形式到随时随地的商务形式的延伸，其最大优势就是移动用户可随时随地地获取所需的服务、应用、信息和娱乐。用户可以在自己方便的时候，使用智能手机或 PDA 查找、选择及购买商品或其他服务。

3. 安全

使用手机银行业务的客户可更换大容量的 SIM 卡，使用银行可靠的密钥，对信息进行加密，传输过程全部使用密文，确保了安全可靠。

4. 开放性、包容性

移动电子商务因为接入方式无线化，使得任何人都更容易进入网络世界，从而使网络范围延伸更广阔、更开放；同时，使网络虚拟功能更带有现实性，因而更具有包容性。

5. 潜在用户规模大

截至 2014 年 6 月，我国网民手机上网使用率达 83.4%，首次超越传统计算机使用率。而从消费用户群体来看，手机用户中基本包含了消费能力强的中高端用户，以移动电话为载体的移动电子商务不论在用户规模上，还是在用户消费能力上都优于传统的电子商务。

6. 易于推广使用

移动通信所具有的灵活、便捷的特点，决定了移动电子商务更适合大众化的个人消费领域，比如：自动支付系统，包括自动售货机、停车场计时器等；半自动支付系统，包括商店的收银柜机、出租车计费器等；日常费用收缴系统，包括水、电、煤气等费用的收缴等；移动互联网接入支付系统，包括登录商家的 WAP 站点购物等。

7. 迅速灵活

用户可根据需要灵活选择访问和支付方法，并设置个性化的信息格式。

电子商务服务选择越多，提供的服务形式越简单，将会看到移动电子商务发展得越来越快。但是，移动电子商务想要像基于互联网的电子商务一样“飞入寻常百姓家”，可能还需要三年左右的时间。

6.2　“好孩子”无线运营经验案例分析

6.2.1　好孩子公司介绍

好孩子公司是全球领先的儿童用品公司及中国最大的母婴产品分销和零售平台(见图 6-1)，专业从事儿童及母婴产品的研发、制造、分销和零售。好孩子公司于 1989 年创立，二十余年如一日，以“关心孩子、服务家庭、回报社会”为宗旨，以“改善儿童生存环境，提高儿童生活品质”为使命，通过持续创新，不遗余力地为天下父母提供安全易用、充满爱心的优质育儿产品，为孩子们营造健康、快乐的成长环境。好孩子公司在中国市场的占有率按销量计占 27.2%，按销售金额计占 41.2%，遥遥领先于第二名的 3%，连续 20 年位居第一；在北美市场的占有率按销量计占 55.1%，按销售金额计占 34.2%，连续 14 年位居第一；在欧洲市场的占有率按销量计占 17.4%，按销售金额计占 24.2%，连续 7 年位居第一。

图 6-1　好孩子官方商城

6.2.2　好孩子公司无线运营成功要素分析

好孩子公司作为中国母婴领先品牌，2011 年在淘宝建立好孩子官方旗舰店，2013 年开始重视无线端的运营工作。表 6-1 所示的数据是好孩子官方旗舰店从 2013 年 7 月至 2014 年 7 月的无线端访客占比和销售额占比情况。

表 6-1　好孩子旗舰店 2013 年 7 月至 2014 年 7 月的无线端访客占比和销售额占比情况

日期	无线端访客数	无线端访客占比	无线端销售额	无线端销售额占比	转化率
2013 年 7 月	183,312	19.70%	1,148,959	18.14%	2.00%
2013 年 8 月	140,295	17.38%	1,604,772	14.78%	3.47%
2013 年 9 月	135,551	15.67%	1,585,025	14.69%	3.61%

续表

日期	无线端访客数	无线端访客占比	无线端销售额	无线端销售额占比	转化率
2013 年 10 月	181,192	19.70%	1,758,371	18.47%	3.15%
2013 年 11 月	739,427	33.54%	11,216,490	24.10%	2.22%
2013 年 12 月	347,372	33.82%	2,831,346	26.47%	2.37%
2014 年 1 月	243,422	33.20%	2,052,114	26.68%	1.98%
2014 年 2 月	360,881	41.34%	2,842,170	26.51%	2.32%
2014 年 3 月	1,122,107	61.14%	5,793,964	37.85%	1.64%
2014 年 4 月	920,529	61.16%	5,726,743	36.26%	1.39%
2014 年 5 月	1,231,327	66.25%	7,401,307	38.69%	1.53%
2014 年 6 月	1,231,327	59.10%	10,270,935	45.74%	1.67%
2014 年 7 月	900,048	59.49%	6,329,691	43.29%	2.31%

从表 6-1 可以看出无线端访客占比从 2013 年 7 月的 19.7%提升至 2014 年 7 月的 59.49%，无线端销售占比从 2013 年 7 月的 18.14%提升至 2014 年 7 月的 43.29%。无线端访客占比和销售占比都有比较大的提升，主要有以下五个方面的原因。

1. 店内定期创建手机专享和无线秒杀活动

好孩子公司无线端的日常运营除了同步 PC 端的活动外，还定期创建无线端专属的活动，培养无线用户定期访问手机店铺的习惯。无线端用户访问的高峰是早上 10 点和晚上 10 点，店铺内每周三定期举办无线秒杀活动，商品选择低单价、转化率高的用品。

7 月 23 日紫草膏销量为 39 件，转化率为 12.75%，由此可以看出低单价包邮的商品在无线端的销售是比较不错的。每周一次的无线秒杀活动可以吸引用户浏览手机店铺，提升店铺的整体转化率。

2. 增加粉丝关注，与微淘做互动活动提升用户黏性

无线端用户一般都是利用零碎的空闲时间进行手机购物的，页面的停留时间较短，无线端需要通过互动活动增加粉丝数，提升用户黏性。目前增加无线端关注的方法主要是 PC 端页面导流和微淘抽奖粉丝互动活动。PC 端有手机专享页面，里面有说明关注手机店铺和微淘的方法，如图 6-2 所示。

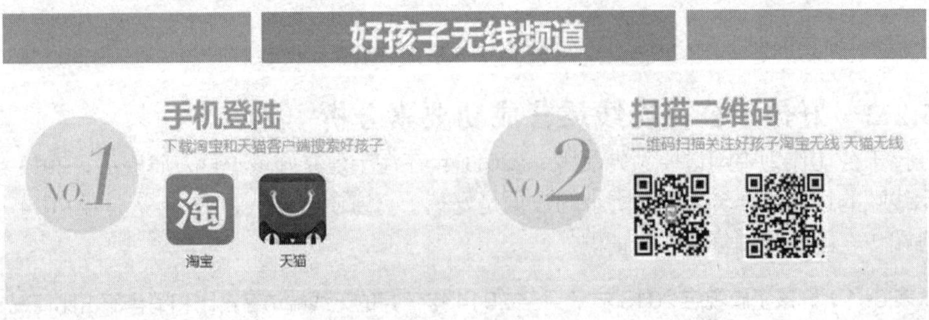

图 6-2　好孩子公司无线频道

微淘定期举行抽奖活动，用户必须关注微淘才能抽奖。

3. 大促活动无线端积极同步，并设定专属优惠

天猫的大促活动，例如“双十一”，天猫年中促和“三八”手机淘宝生活节都是无线端导流非常好的机会。良好的大促预热活动可以很好地吸引新客户，手机店铺可以在大促期间做些粉丝互动和无线专享优惠券的预热活动。

下面以天猫年中促为例子来说明大促期间无线端的运营策略。

活动时间从 6 月 17 日开始到 6 月 19 日截止，其中 6 月 18 日和 6 月 19 日天猫年中促的商品会以手机专享价的形式在无线端展示，手机专享价显示天猫年中促的价格，PC 端恢复商品促销价。

无线端的预热活动总共分为三个阶段。

第一阶段：品牌宣传和品牌实力展示，主要向用户展示好孩子的品牌实力和品牌影响力。

第二阶段：重点商品预热，通过发放无线端专享优惠券和商品利益点，鼓励收藏和加入购物车微淘，做有奖互动活动，以提高关注度，如图 6-3 所示。

图 6-3 好孩子公司无线端广告

天猫年中促手机淘宝客户端首页的装修，运营思路为年中促活动展示、优惠券领取、重点商品展示。

第三阶段：年中促当天售罄商品替换，随时更新公布售卖情况，以刺激消费者。表 6-2 是年中促无线端的数据：从表中可以看出年中促无线端销售占比为 47.17%，成交用户占比为 50.02%，无线端的销售额接近总体销售额的一半，流量超过 50%，为 57.21%，由此可见无线端的大促预热工作是十分重要的，手机端的明确的利益点和有奖互动活动可以很好地提高用户的关注度，提升无线销售占比。

表 6-2　好孩子公司 2014 年中促无线端的数据

指标	2014 年中大促	手机端数据	手机端业绩占比%
支付宝成交金额（销售额）	¥　13,796,351.00	¥　6,507,770.00	47.17%
成交用户（有效会员数）	33,737	16,874	50.02%
支付宝成交件数（订单数）	62,394	31,161	49.94%
支付宝成交件数	67,542	33,743	49.96%
UV	564,067	322,724	57.21%
PV	2,444,206	1,617,928	66.19%
全店成交转化率	4.53%	5.22%	/
人均订单数	1.85	1.85	/
人均购买件数	2.00	2.00	/
客单价	¥　408.94	¥　385.67	/
重复购买率	26.65%	20.67%	/

4．维护老客户，提升无线端老客户成交占比

老客户维护是运营工作中非常重要的环节，除了每个月同步 PC 端的会员日活动外，无线店铺需要对老客户设置以下活动。

（1）老客户抽奖活动。用户在店铺购买满 399 元的订单，扫描包裹二维码即可参与抽奖活动，赢取店铺优惠券。针对老客户抽奖活动可以提高老客户的回访率，如图 6-4 所示。

图 6-4　好孩子公司抽奖活动

（2）手机淘宝首页增加领取会员卡链接。无线会员卡是手机淘宝重要的会员营销工具，会员领取会员卡后可以看到店铺设置的会员商品和无线会员专享活动。

（3）码上淘后台设置会员卡券。码上淘后台增加会员卡券领取，用户扫码包裹二维码可以领取店铺的无线会员卡。

5．积极运营码上淘，提升二维码运营能力

码上淘是阿里巴巴集团2014年推出的重要战略业务。利用码的不同业务场景服务消费者，打造新世界、新生活方式。维码（阿里—淘宝码）是无线端流量和建立客户接触点极其重要的一环。而包裹码又是全体店铺与淘宝天猫无线合作中，玩码、参与码上淘的第一门槛，所以好孩子公司正积极运营码上淘后台。主要的运营方法是：

（1）Banner 图片根据店内活动和官方大促活动及时更新和替换。

（2）增加会员卡入口，做好会员营销。

（3）设置好评有礼和抽奖有礼活动，增加用户互动性。

6.3 冠军"小狗"如何修炼无线内功

6.3.1 网络吸尘器第一品牌"小狗电器"介绍

小狗吸尘器是第一家入驻国美、苏宁电器的吸尘器品牌，注册于1999年，由北京东森兰盾科技有限公司实体经营。同年9月进驻蓝岛、西单、燕莎等知名百货商场。2007年，小狗电器彻底退出线下渠道而转战线上。目前小狗吸尘器已实现全网覆盖，先后入驻淘宝、天猫、京东商城、苏宁易购、卓越亚马逊、国美在线、易讯商城、1 号店商城、当当网、拍拍网、新蛋商城等网络平台等，如图6-5所示。

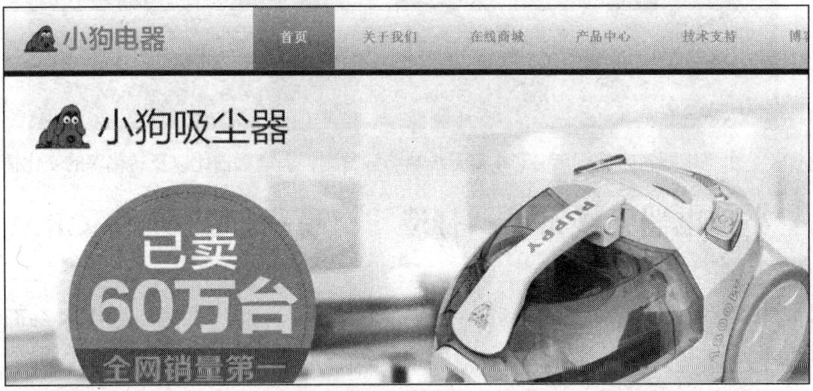

图6-5 小狗电器首页

秉承"小狗让生活环境更干净"的品牌理念，小狗电器已累计研发卧式、桶式、便携式、车载、推杆式、立式、除螨等吸尘器160余款，配件千余款，累计申请产品专利百余项。凭借着质量过硬的产品体系、全网覆盖的分销体系、可靠可信的品牌形象，小狗电器已成为名副其实的网络吸尘器第一品牌。2008年至2013年小狗电器已连续六年蝉联淘宝吸尘器类目销售榜首。2013年，小狗电器实现全网销售收入3.38亿元，2014年上半年已成功实现全网销售约2.2亿元。

小狗电器的品牌形象已广为人知。小狗品牌的核心文化体现在小狗电器的自述中：我是小狗，我独特，我喜庆，作为人类最忠实的朋友，我的憨厚，我的温良，使我成为万千家庭的爱宠。我是小狗，一只勤奋学习的小狗，现在，我正努力学习各种技能，让主人在打理家务时更加轻松便捷，争取做一个人见人爱的听话的家用吸尘器。以我灵感的嗅觉，把握每一次技术的革新，让我的主人步步领先。我是一只擅于沟通的小狗，从不向主人勃然嚎叫，而总是和主人娓娓而谈，化解主人每一份忧愁，让主人喜上眉梢。

电器类目的无线发展较化妆品、服装等要晚，但小狗电器早在 2012 年就开始跟进手机淘宝、微淘等的运营工作。在无线发展大势之下，2014 年年初，公司成立了专门的无线团队。目前，小狗电器无线团队共有 7 名成员，由 1 名“优秀饲养员”负责带队“饲养”，其他 6 名组员各司其职，分别负责策划、流量、转化、美术设计等工作。除了手淘等无线平台的运营推广之外，团队也同时负责官方微信账号的日常运营以及淘里淘外合作等。

无线团队组建之初，小狗电器的无线端流量占比并不算高，基本保持在 12%～15%。而借 2014 年淘宝、天猫平台力推无线之势，小狗电器推出了很多大型活动，如公司成立 15 周年纪念款发布、年中大促等。无线端成长非常迅速，无论是流量占比还是销售额占比，表现都非常亮眼。2014 年 1—6 月，其手机淘宝旗舰店日常流量在整体店铺流量占比基本处在 50%～60%，而移动电子商务淘宝旗舰店单店目前已实现销售约 3500 万，其销售额占比为 35%～50%。

图 6-6 是小狗电器官方旗舰店 2014 年无线端访客占比、销售额占比以及转化率的变化情况。

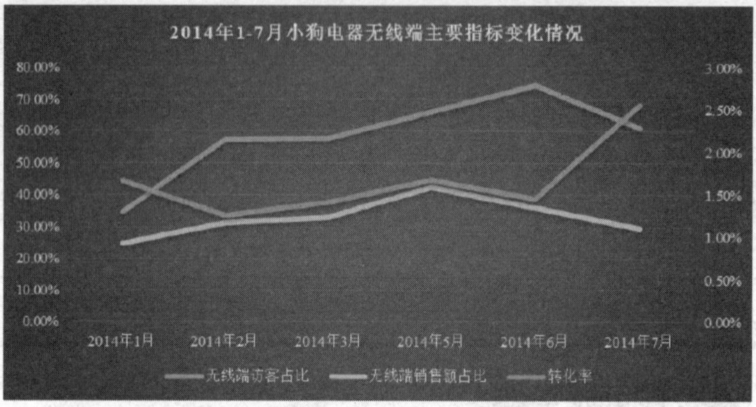

图 6-6 小狗电器官方旗舰店 2014 年无线端访客占比、销售额占比以及转化率的变化情况

6.3.2 小狗电器无线布局：打造“交易+流量+SNS+CRM”的功能矩阵

依托前期积累的全网运营经验，现阶段小狗电器在无线端的布局呈现出了全面探索、重点突出、矩阵协作的特点。截至当前，小狗电器已全面进驻了手机淘宝、天猫客户端、京东商城、国美、苏宁、亚马逊、当当网、1 号店、易迅网、唯品会等无线平台，基本形成了以手淘为旗舰的无线交易矩阵平台。与此同时，小狗电器通过官方微博、微淘、微信订阅号与服务号等的精耕细作，最大化地发挥出了企业 SNS 平台的媒体属性、社交与客服功能，并形成了以“PC 端流量转化+CPC 广告+SNS 引流+APP 互推”为核心的无线导流策略与实践体系，从而搭建起跨平台、多应用支撑起的“交易+流量+SNS+CRM”多功能协同发展的无线矩阵。

（1）无线交易矩阵。实现交易是目前小狗电器无线布局最为核心的功能定位，交易平台由手机淘宝与天猫客户端的小狗电器旗舰店等构成，主要承担提高转化、促进交易的功能，其中尤以手机淘宝小狗电器旗舰店为主力交易平台。2014 年上半年，小狗电器旗舰店单店实现销售收入达 1 亿元，无线端销售占比达到了 35%～50%。此外，小狗电器无线团队也广泛尝试了多个新的交易平台，如微信、京东合作的购物一级入口，但目前该入口流量很大、转化较低，实际成交效果不尽人意。

（2）无线 SNS 矩阵。主要由小狗电器官方微博、微淘、微信等构成，这些无线平台一方面承担企业与产品信息发布、品牌内容输出等媒体属性的功能，同时也承担着与消费者建立社交联系的功能，通过打通企业与消费者零距离的沟通渠道，以达到增加社交联系、开发与维护新老客户关系、提升好感度与忠诚度等多重目标。目前，小狗电器官方微博粉丝超过 295 万，这一规模远远超过了很多知名淘品牌与线下知名品牌的企业微博。2013 年“天生一对”活动推广大获成功，“涨粉”20 万。去年双“十一”活动中，小狗电器就利用“淘宝试用”结合明星微博传播为新品上市进行了推广预热，效果显著。2014 年以来，其官方微博也策划了多个辅助新品上市、化解消费者退货投诉风波等热点事件活动。其微淘目前拥有超过 40 万粉丝，前期与女装品牌“夏娜”合作的“盖楼”活动曾经取得了一万五千层楼的互动好成绩。

从整体观察，小狗电器对 SNS 的思考与投入都是超过很多企业的。SNS 对他们而言，意味着机遇与挑战。随着去中心化一并来到，PC 端搜索排名机制可能会被弱化。如何通过用户互动建立消费者与品牌间的情感联系，又如何让这种“喜爱”转化为消费力，是小狗无线团队重要的命题之一。

（3）无线 CRM 矩阵。主要由小狗电器官方微信公众账号来实现，目前其官方微信账号以服务号运营为主。小狗电器官方微信账号注册于 2012 年年底，2014 年改版升级后，用户可以随时进行产品售后咨询，也可实时和小狗互动“玩耍”；另外，用户可以点击“购买小狗”菜单进入小狗电器的京东商城、天猫、国美、苏宁、亚马逊、当当网、1 号店、易迅网、唯品会等交易入口。同时也可以查看“我的订单”、完成维权、自助售后等客服功能。此外，微信服务号下设“马上签到”“微社区”“今日头条”“光影播客”“清洁讲堂”等菜单，承担了一部分互动与品牌推广的功能。

（4）无线流量矩阵。经过实践验证，小狗电器现在已初步形成了“PC 端流量转化+CPC 广告+SNS 引流+APP 互推”的无线导流策略与实践体系。其中主要包括在 PC 端页面引导（包括二维码、手机专享页面等）、CPC 广告淘内主投钻展和直通车，淘外主投百度、钻立方、DSP 平台等，选择与自身目标客户群高度重合的移动 APP 进行互推（如曾与同样以女性为主要客户群的移动应用美柚等进行互推，形式以 APP 自有积分兑换奖品与试用中心为主，以达到产品和品牌曝光的目的）等。无线互联网趋势最集中的表现就是各类垂直化应用和社群越来越多，每个应用和社群都有它独特的用户标签，品牌商就可以更加自如地去做精准推广，这也是小狗无线团队正在致力探索的重点方向。

与此同时，小狗电器的无线团队对无线营销模式创新有着高度关注与积极尝试，如多次尝试将 H5 原生游戏与社交应用进行结合互推，最高参与游戏者达数十万余人次，再如较早投入刚刚开放的微信公众平台广告投放等。通过上述广泛尝试与快速试错，小狗电器专注于无线营销，其无线布局也逐步成型。

6.3.3 小狗电器日常运营：利用无线店铺打造爆款、促进成交

小狗电器无线团队高度重视数据的积累、挖掘与运用，通过整合研究多来源数据，逐渐描摹出这群使用无线端的用户轮廓：他们年龄在 25～29 岁的占比最多，其次是 30～34 岁；他们收入稳定，基本以白领阶层为主；其中女性用户比例高达 60%，这一比例比 PC 端高出约 10%；而且 75%以上的用户是通过 Wi-Fi 接入无线，这意味着用户可以无需顾忌流量花费而使用音视频等丰富媒体内容。再考虑到吸尘器本身是耐用品，货品淘汰周期较长，用户复购率相对不高，因此小狗无线团队将手淘等旗舰店的核心功能定位在交易这个核心点上。

因此，小狗电器无线团队在日常运营中确立了以手淘旗舰店为主力平台，打造爆款、促进成交的思路。

第一，产品方面。无线端精简了 SKU，全部宝贝数量基本保持在百余款。其次，无线店铺

选取了单价在500元左右的D-968家用迷你吸尘器"蓝龙"作为主推产品，这比PC端爆款D-928家用除螨吸尘器的售价要高出一百多元。上述决策既考虑到"蓝龙"在PC端本身已具备较好销售基础，价格又在目标客户心理承受范围之内，加之其外形亮丽、容易吸引用户眼球，充分体现了小狗无线团队对用户心理的细致把握。同时，价格及优惠方面，现阶段为了拉动无线端成长，小狗电器设立了一系列倾向无线平台的价格优惠政策，除了长期设立无线专享价格外，无线购买还可获得更丰富的赠品，如图6-7所示。

第二，转化方面。针对手机展示空间有限、用户信息接触碎片化、习惯手势操作等无线端的特性，小狗电器无线团队以用户为导向，细致入微地优化用户体验细节，不断提升转化率。具体策略如下。

（1）定制无线专属宝贝详情页面。重新设计页面、突出产品卖点、促销信息优先展示，宝贝详情页面基本控制在10屏之内，让用户不费吹灰之力就能看到利益点所在。

（2）采用无线短标题、卖点绝对突出。弃用了传统PC端惯用的利于搜索的长标题。由于目前PC端与无线端宝贝描述标题是同步的，若沿用长标题会给无线用户带来很多繁杂信息，无线端体验不好，因此，团队从中做出取舍，采用了更倾向无线端展示的标题形式。同时，为了快速抓住用户的注意力，短标题中还会加入星标等个性化符号。

（3）播音系帅哥为你播报"听掌柜说"。为了弥补无线端暂时无法插播视频和GIF图的缺憾，小狗无线团队选择了添加宝贝音频"听掌柜说"的应用。功能上线前，无线团队从公司内部甄选优秀"声优"，最后经考核选择了主修过播音的帅哥帮忙录音，磁性嗓音配上轻快音乐，用户接受起产品信息来更加容易。而音频内容定位于播放产品核心利益点信息，而非品牌信息宣传，以提高无线的交易转化。

（4）设置D-968无线专享价格。一方面吸引用户通过手机下单，同时还可以提高D-968的无线搜索排名。

（5）晒图评价引导。针对这款产品，在无线端"宝贝详情"页做了一个引导用户晒图评价的活动，即用户手机下单后晒出实物照片就可获得20元返现。此举既可以有效管理评价，也能对新用户购买决策起到一定的促进作用。

第三，流量方面。通过PC端二维码引导、无线店铺首页轮播、店内关联推荐置顶等手段将流量引导、汇聚至爆款页面，以促进爆款成交。具体策略如下。

（1）优化店铺展示、抓住进店客流。能进店逛的用户一定是对店铺感兴趣的，就要让他们在进店第一时间看到主推产品，因此一定要充分利用好店铺的"黄金"展示空间，如首页轮播图、底部自定义菜单、无线店铺首页优惠和上新部分展示等。一方面能营造常年热销的气氛，另一方面也能充分留存基本店铺流量。

（2）利用关键推荐置顶推荐爆品。店铺内其他产品详情页面底端"同店推荐"都将"蓝龙"置于首位，通过店内关联推荐汇集流量。有数据反映，用户浏览页面的数量越多，购买概率就越大，通过关联推荐的方式，可以提高产品的曝光率，同时减少用户的流失。

（3）通过创建PC端手机专享区页面来引导用户无线成交。在PC端创建手机专享页面，展示手机下单的好处，如更多优惠、更多特权等，同时也在页面产品信息展示处放置二维码，提示并导流至无线端完成交易。通过上述手段逐渐培养用户手机下单的习惯。

（4）淘宝直通车无线端推广方案大调整。为"蓝龙"调整了原有直通车推广方案，从出价、关键词和产品展示效果图上均做了相关调整。由于老的橱窗图点击效果不尽人意，团队又重新调整了直通车产品的展示图，以便提高手淘的搜索点击评分。

（5）钻石展位（简称砖展）投放策略调整。据以往经验，这款产品的钻展推广效果一直不错，以前是直接投放到无线店铺首页，调整后直接投放到产品的宝贝详情页。访问、转化各方面效果非常不错的。之后，团队还尝试通过天猫 A 计划推广 D-968，效果还在检验中。

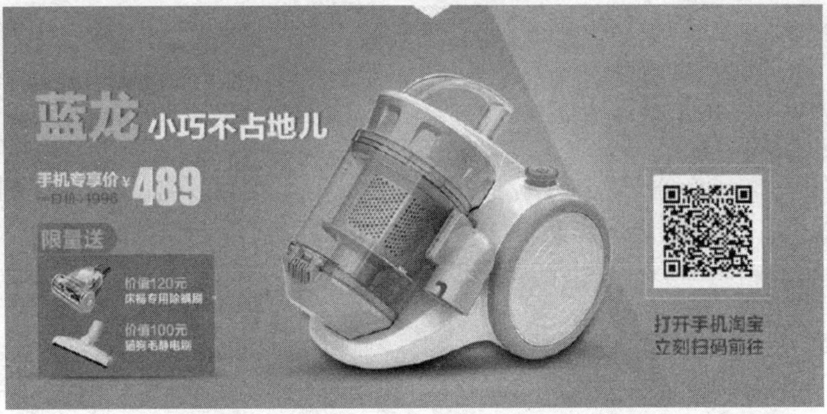

图 6-7 PC 端 D-968 手机专享页面展示图

6.3.4 小狗电器活动运营：小狗 15 周年老顾客无线营销新玩法

2014 年适逢小狗电器成立 15 周年，小狗顺势推出了一系列“大庆”活动：“时光鉴定机”小游戏测试你的前世今生，万元黄金吸尘器抢不停，15 周年纪念版定制款吸尘器火热上线，淘宝聚划算品牌团集中爆抢，“一件事做一生”励志微电影催泪上线……而无线端则将焦点放在了陪小狗一路走来的老客户身上。

整个 15 周年老客户无线营销方案由两个部分组成：手机签到充抵现金活动与老顾客手机答题赢大礼活动。前者给予老客户实实在在的利益，而后者则让老客户携手“回顾小狗的坚持”。

手机签到充抵现金活动时间是 2014 年 7 月 1 日—7 月 20 日。活动规定只要坚持签到，用户就可以换取所有产品的满百返现权，如签到 7 天可兑换 10 元优惠券，签到满 20 天可兑换 50 元优惠券，签到一天赚 1.5 元，实惠看得见。这样一来，既可以吸引顾客每日访问店铺，直接促进所有机型和配件的销售，又能充分调动用户分享欲望，即使顾客暂不需要，也会询问身边的朋友是否需要。

老顾客手机答题赢大礼活动的主题是回顾小狗的坚持，暗合小狗企业文化与 15 周年庆主题。活动时间是 2014 年 7 月 1 日—7 月 15 日。答题部分设置了 2 道购买动机调查题与 5 道小狗发展历程题，只要参与答题，用户就有机会获得小红狗等奖品，而全部答对的用户还有机会获得 D9 半价购买权，获奖名单在手淘店铺底部链接中公布。这个活动将趣味性融入调查，用户参与性更高，而通过调查又能了解用户选择小狗电器的真实动机与原因，可谓一举两得。

6.4 拓展案例

佐卡伊的无线营销

如今，整个大市场已走进了 4G 时代，这个时代的特点就是用户将很大一部分时间花在手机上，手机成为了一个几乎比另一半还重要的东西，起床的第一眼、睡前的最后一眼，我们几乎都是在看手机。

可见，手机正以超乎想象的速度改变着人们的生活方式，具有快捷、方便、更容易聚集形成圈子等特点。有人的地方就有商业，有时间的地方就有生意。无线已经成为各品牌非常重要的战略之地，大家都在火速布局。

不同于很多品牌把无线单独看作一块肥沃之地、一个重要的渠道，佐卡伊对于无线的观点是：无线模块与其他诸如 PC 端和线下是一个整体，虽彼此各有承载，却能更好地互补，它是建造品牌帝国非常重要的一环。

1. 佐卡伊无线端的不同及优势

（1）把握大势，抢先布局。

深圳佐卡伊电子商务有限公司老总的一个特点就是对大势看得准，从当初线上卖钻石到 2011 年的线下店布局，再到 2012 年的 O2O 布局，2013 年年初，老总就意识到了无线未来的大势，并且积极行动，可以说佐卡伊在战略上一直跑在行业前端。

（2）定位清晰，精细化运作。

佐卡伊目标比较清晰，就想把无线打造成一个和用户深度沟通之地，借助特色产品，借助数据分析，借助情感性的互动内容，借助场景化的购物引导，努力成为用户亲密的朋友，懂得他们，和他们拥有共同的喜好、共同的价值观、共同的生活方式等。

（3）借势影视，塑造品牌温度。

2012 年佐卡伊开始影视跨界合作，首次合作了《咱们结婚吧》5 个亿的收视作品。至如今，佐卡伊已经和众多专业优秀的影视公司如完美影视、克顿传媒等达成战略合作，以推出优秀的内容，以成全用户心灵的震动、以传播美好信仰为己任。

2. 佐卡伊优秀无线端营销案例

2014 年第三季度，佐卡伊首次推出季度系列专辑计划“爱•栖息”。推出此主题专辑的起源是公司分析了一下这几个月份的特点及当今社会广大人群的心理状态，8 月有七夕节，是一个表白的节日；8 月是立秋，是收获的季节，并且进入结婚旺季；9 月有教师节，讲究的是相处的艺术、尊重的艺术。这样一看，实际上整个第三季度各月份之间是有一定的连续性的，综合起来讲就是探索爱的艺术。探索爱的艺术目的是什么呢？公司发现当今社会，经济高速增长、物质丰富，但是人们的内心却很贫穷。无力感、困惑感侵袭，简而言之，就是灵魂找不到栖息之地，心中的爱找不到栖息之地。因此就顺势推出了这个主题专辑，以期和大家一起探讨一些方法，让爱和幸福的感觉得以重生。

该主题专辑共分成三篇进行演绎，每月一篇，分为“爱的倾诉”“爱的承诺”“爱的和平”。下面重点介绍 7 月“爱的倾诉”。

（1）PC 端页面：主题商品导购+互动入口引导，如图 6-8 所示。

图 6-8　佐卡伊互动入口引导页面

（2）无线端。

➢ 互动落地：无线微淘，如图 6-9 所示。

图 6-9 佐卡伊活动页面

➢ 互动引流：无线端店铺与 PC 端同步进行装修，在手机淘宝客户端店铺轮播位设置广告位和入口，如图 6-10 所示。

图 6-10 佐卡伊手机客户端页面

➢ 互动效果数据。

活动时间：2014 年 7 月 16 日—8 月 2 日。

活动形式：评论盖楼和分享至新浪微博。

活动效果：活动期间，微淘贴子下面共有 3978 个有效楼层数内容，以及 38 条微博传播。

佐卡伊无线端目前销售额占比已超过 30%，但随着未来整个经济市场的发展，人们的消费水平的提升，4G 移动通信技术的普及，珠宝品类在无线端将会获得更大的成长，而对于一直走在前面的佐卡伊肯定有不俗的表现。

思考

佐卡伊无线端营销成功的关键是什么?

6.5 本章总结

近些年来，随着智能手机和移动互联网的结合，移动电子商务市场正迅速发展。在竞争激烈的电子商务市场，移动电子商务的出现对传统电子商务来说，是电子商务市场在移动通信上的延伸和补充，具有非常广阔的发展前景。本章首先对好孩子公司无线运营成功因素进行分析，然后从无线布局、日常运营、活动运营方面分析小狗电器无线营销的修炼，供读者学习和参考，希望借此能有所启发。

6.6 课外练习

1. 为什么说电子商务移动化是大势所趋?
2. 试搜索 Internet 信息资源，了解移动电子商务发展的最新动态。

PART 7

第7章 营销模式创新案例

本章学习目标

- 了解营销模式的定义、营销模式创新的概念和特点
- 深入掌握粉丝经济的运营规律、微营销给营销模式带来的创新点
- 了解文化营销在电子商务中的渗透和传播

7.1 基本知识点

1. 什么是营销

市场是一个产品实际和潜在购买者的集合，而营销者的工作就是理解特定市场上的需求和欲望，并选择企业可以提供最好服务的市场。市场的概念最终让我们回到市场营销的概念上，它意味着通过创造价值和满足顾客欲望和需求的方式管理市场，以产生盈利性的交换关系。

因此，在迪士尼主题公园，"幻想家们"建造各种各样的奇观，是为了创造梦想和"让美梦成为现实"。我们将营销定义为：管理营利性的顾客关系。营销的双重目的在于，一方面通过提供优质的顾客价值来吸引新的顾客，另一方面通过提高顾客满意度来保持和发展当前顾客。

2. 什么是营销模式

所谓营销模式，是一个营销型的组织为了持续保持与开发客户，同时持续盈利而采取的，将产品、服务和运作融为一体的宏观体系。市场营销模式是以企业为中心构筑的营销体系。

目前公认的营销模式从构筑方式上划分，有两大主流：一是以市场细分法，通过企业管理体系细分延伸归纳出的市场营销模式；二是以客户整合法，通过建立客户价值核心，整合企业各环节资源的整合营销模式。

目前常见的营销模式有：体验式营销（视操作方式决定其模式属性）、一对一营销（主要属于整合营销模式）、全球地方化营销（属于市场营销模式）、关系营销（属于市场营销）、连锁（视操作方式判断模式属性）、品牌营销（视操作方式判断模式属性）、深度营销（主要属于整合营销）、网络营销（视操作模式判断模式属性）、兴奋点营销、直销（属市场营销模式）、数据库营销、文化营销（属市场营销）。

3. 营销模式创新

管理学大师德鲁克先生认为，企业只有两项职能——营销和创新。如果基于企业竞争，战略创新就是根本、模式创新是核心、制度创新是关键、文化创新是灵魂、技术创新是基础、营销创新是条件。那么，基于营销创新，则可以演绎为：战略创新是根本、价值创新是核心、产品创新是基础、渠道创新是条件、成本创新是要诀、模式创新是关键。

面对越来越细分的顾客市场，在市场营销的广泛领域，传统的营销要素已经无法满足顾客的多样化需求，新的营销要素正在起着不可忽视的重要作用。企业竞争模式、顾客价值主张、生活方式变革、品牌文化创新、声誉形象塑造这些当代市场经营的重要手段，正以其鲜明的要素特征进入营销领域，并发挥着独特的市场魅力。而且，新的营销实践也在不断提供如何在 4p 与 4c 之间进行战略选择与创新整合的多种答案。海尔由制造向营销的蜕变、金蝶由软件服务向解决方案的转型等，都在引领中国企业迈向市场竞争的高端产业链。有道是，卖产品不如卖服务、卖产品不如卖品牌、卖产品不如卖文化。

创新营销模式的一个普遍方式是专业化。因为精明的思维是“不要把鸡蛋放在一个篮子里”，而专业化看起来与犯傻无异——“把所有鸡蛋放在一个篮子里”。格力被视为中国家电业的“另类”，原因就在于它一门心思做空调，从 1995 年确定走专业化道路至今仍毫不动摇。家电业的共识是品牌必须多元化才能做强做大，所以在 20 世纪 90 年代，海尔、美的、春兰、长虹、小天鹅、海信等纷纷走上跨品类扩张之路。郎咸平教授也曾指出，白色家电的“行业本质”是“外溢效果”，即利用品牌延伸进行渐进多元化。事实上，总是有一种力量把竞争往相反的方向推，否则商业就不会如此诡谲了。格力坚持聚焦经营，终成为世界空调业当之无愧的霸主，在国内市场更把第二名美的、第三名海尔越甩越远。尽管 2009 年美的在变频空调上风头甚劲，以至业内普遍为格力失去先机而忧虑，然而市场营销是焦点之争，格力在人们心智中代表“空调专家”，由此顺势升级为“变频空调专家”并非难事，而美的代表的概念就很宽泛，就像海信把其占据多年的变频空调老大的位置拱手相让一样，格力仍将成为这场变频战争的最后赢家，并无悬念。

成功的营销模式让企业与众不同，其本质是系统化的区隔战略。作为核心的区隔要素是不变的，但资源配置的方法要与时俱进，这样营销模式才能具有强大的生命力。曾经以低成本经营的典范西南航空，近年来就吸取了后辈们的创新，推出名为“商务之选”的产品，票价最高的旅客，能够享受优先登机、额外旅客里程以及免费饮料等服务。在互联网日益改变人们生活的时代，西南航空也开始安装机上互联网设施，并计划到 2010 年年底，乘客可以坐在其任何一架飞机的座椅上上网，当然，这是要付费的。

7.2 粉丝经济——小米的成功之道

7.2.1 小米的故事

（1）小米奇迹。北京小米科技有限责任公司是一家专注于高端智能手机自主研发的移动互联网公司。小米的产品主要包括 MIUI（基于 Android 的手机操作系统）、米聊、手机、电视、盒子等。小米成立于 2010 年 4 月，历经 4 年时间，在中国市场的销量已经超过苹果。2013 年，小米总计售出了 1870 万部手机，增长 160%；含税收入 316 亿元，增长 150%，其中小米配件及周边产品超过了 10 亿元；MIUI 用户数突破了 3000 万。此外，小米拥有 6 大仓储中心、18 家小米之家旗舰店、436 家维修网点。至 2014 年年初，公司员工逾 4000 人。

图 7-1 小米 Logo

（2）小米灵魂。雷军从 2006 年就开始了对移动互联网公司的投资，第一家是乐讯，2007 年雷军又投了 UC 浏览器和一系列的公司。当 2007 年 1 月，苹果公司发布了 iPhone 一代，2007 年 6 月产品正式上市，雷军第一时间就买了回来使用。按照雷军的话说："我很受刺激，觉得手机居然还可以这样做？"雷军怕自己的体验不具代表性，他干脆买了 20 部 iPhone 回来，送给了 20 个朋友。三个月后雷军发现，其实只剩下他和另外一个朋友在用。雷军这时候觉得，iPhone 做得太超前了，很多细节没做好，不好用，但是苹果的 iPhone 打开了雷军心里的思路，雷军发现未来的移动互联网，将会是软硬件一体化的体验，软件将帮助硬件发挥更大的作用。而单独做软件，其实将会受很大的局限。雷军从那个时候开始就在想：谁能做出一部更好用的手机呢？

2007 年年底，他一边对 iPhone 爱不释手，一边挑苹果的毛病：待机时间太短、不能转发短信、信号不稳定。他甚至认为自己对互联网行业的认知超过乔布斯，是时候做一款将软件、硬件、互联网结合的手机。雷军不太愿意承认小米是手机公司："我们是移动互联网公司。"互联网是他的心结，看起来，小米手机更像是实现这位理想家互联网梦的载体。

到了 2009 年年底，雷军说他已经快 40 岁了，想干点事情，因此开始认真考虑如何把手机做出来的问题。雷军说，他在这件事情上是先下定决心去做，然后才去考虑如何做的。让雷军下定决心的是他感觉到了这个行业里一些未来的变化趋势，他看好的就是手机会替代 PC 和手机工业的进一步互联网化。雷军觉得，他的手机之梦，终于时机成熟了。他要开始为了这个梦想构建队伍。

（3）小米团队。与很多初次创业团队不同，小米创始团队是一个大龄创业团队，平均年龄 44 岁，团队成员都是各个领域的成功人士。创办小米之前，雷军担任过金山软件的总裁兼 CEO，是国内知名的天使投资人，林斌是谷歌研究院的副院长，洪锋是 Google 高级工程师，黄江吉是微软工程院首席工程师，黎万强是金山软件人机交互设计总监、金山词霸总经理，周光平是摩托罗拉北京研发中心总工程师，刘德是 ACCD（美国艺术中心设计学院）毕业的工业设计师。这些团队成员拥有丰富的行业经验和资源，这是公司飞速发展的重要推力。

（4）小米模式。小米模式=硬件+软件+互联网服务。小米为什么能在 4 年时间内取得如此巨大的成功？一种观点认为，小米的成功在于饥饿营销。但是，小米手机问世之后，效仿者不在少数，甚至包括三星、华为，为何小米一骑绝尘？

我们认为，小米的成功，根本原因在于其独特的商业模式。小米商业模式就是雷军提出的"铁人三项"：硬件+软件+互联网服务。小米打造的是"硬件+软件+互联网服务"的"铁人三项"型公司。小米不追求在其中某一项的第一，而追求三项综合得分的领先，如图 7-2 所示。

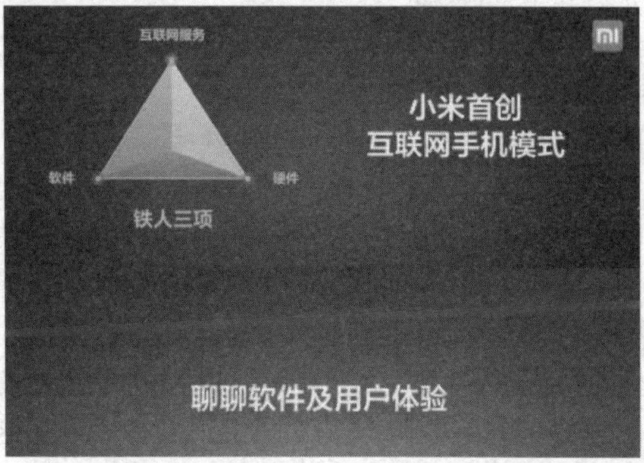

图 7-2　小米的商业模式

小米实现了“铁人三项”在业务层面的整合。

小米不止是手机公司。目前为止，小米的销售收入绝大部分来自硬件，且其中大部分来自手机，给人“小米是一个手机公司”的感觉。然而，小米将手机硬件卖给用户之后，其软件支持和互联网服务才刚刚开始，有别于以硬件为核心的传统手机公司；另外，小米的产品线已经拓展到电视、机顶盒、路由器，我们相信随着时间推移，小米的触角还将延伸到更多的品类。对小米而言，硬件终端是其软件、互联网服务的载体。以小米 3 手机为例：硬件上，这款 4 核、5 寸屏的手机在推出时采用高端配置，外观设计简洁大方，性能在国产手机中处于前列；软件上，小米手机的操作系统是基于安卓开发的 MIUI，这个操作系统开发完善，有很多贴心的设计，而且还在不断吸收用户的意见，每周更新；服务上，小米用户可以获得 Wi-Fi 快速登录、小米云服务等一系列互联网服务，用户在小米论坛、微博上面发帖提问或者表达不满，一般能在一小时内得到回复。小米“铁人三项”已经产生了互补效应。小米的“铁人三项”中，软件是小米的最强项，其 MIUI 系统是目前国内业界公认最好的应用层操作系统；硬件是重要的得分项，高配低价的策略为小米聚集了大量粉丝，是小米抢占互联网入口的重要工具，也是小米现金流的重要来源；而互联网服务是小米目前的弱项，目前为止所做的尝试都还未取得突破。用户并未由于互联网服务差强人意而放弃小米，很大程度上得益于“铁人三项”模式的互补效应：用户被小米的软件、硬件吸引，因此也包容了小米互联网服务中等的表现。

（5）高配低价。在“铁人三项”模式下，小米采用互联网思维，追求入口价值，并不急于在硬件产品上面盈利。小米成功地将硬件送到几千万用户手上，抢占移动互联网的流量入口，未来可以通过软件、互联网服务或者其他硬件盈利。小米省钱有道。在渠道上，小米只通过网络和运营商销售手机，没有通过线下经销商销售，因此出货价即为终端价。在营销上，小米几乎没有在传统媒体上进行广告投放（除了 2013 年、2014 年的央视春晚广告），主要依靠网络营销，在吸引目标群体的同时，还节约了大笔销售费用。伴随着原材料价格下降和规模效应提升，小米的硬件还是可以实现盈利的。小米手机发布之际，成本价有可能接近甚至高于定价。由于电子产品的价格下降较快，在小米正式发售阶段，成本很可能已经低于定价。另外，小米的销售规模增长，可以摊薄固定成本，也有利于获得更低的采购价格。

高配低价的一个副产物是黄牛。黄牛通过各种方式购入小米手机，随即加价 10%~20%出售，通常都能够顺利脱手，足见小米手机的报价之低。我们观察到，小米的黄牛交易有快速上升的趋势。少量的黄牛交易有利于为产品造势，但是，如果黄牛交易过多，大部分用户发现不加价就买不到小米手机，小米向消费者让利变成向黄牛让利，反而容易把“米粉”逼成“米黑”。目前来看，小米有必要强化对黄牛交易的监控。

7.2.2 小米的创新之处

据市场研究机构 ABI Research 的数据显示，2013 年第二季度，小米已成为全球第 13 大手机制造商，排在摩托罗拉移动之前。关于小米，我们最能直接看到的是其渠道的创新，以互联网渠道做销售，并充分利用饥饿营销。但是这不仅仅是小米成功的最关键因素，因为同样利用互联网渠道的 360 特供机、百度云手机和阿里云手机都统统失败了，他们没能像小米一样火起来。除了没有充分运用互联网思维进行手机营销外，以上几款手机在成本计算方面也不如小米。

其实，智能手机行业也存在摩尔定律，CPU 等零部件每个季度都有一定程度降价，但大部分的数码产品在市场中的定价在季度间都趋于相对稳定，小米就利用这个降价找到了盈利的空间。一直以来，很多人质疑小米卖的是假货，但成本低的商品不一定质量不好。不仅如此，小米的持续营销跟进，使得定价 1999 元的小米手机成为了消费者心目中性价比最高的手机，而“米粉”的人数也大大超越了“果粉”的人数，成为手机消费者的重要群体。

小米从运营开始，就采取“两不”政策——不做广告，不做用户调研。在旁人看来，这样的市场营销方式是不可思议的，但是我们可以回头看看，小米论坛每天的访问量是 80 万人，累计接受米粉 1.35 亿条建议，已翻译成 25 种语言版本，适配了 143 款机型，米粉还成为了小米的传教士。以上策略，归根结底是因为小米遵循了以下成长路径（见图 7-3）。

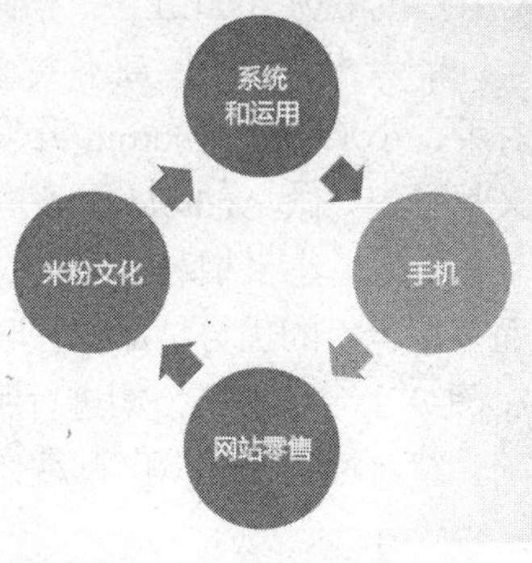

图 7-3　小米成长路径

先做系统和应用，然后做手机，再做小米网站零售，形成米粉文化，米粉文化又进一步帮助小米完善系统和手机。

创新之处：小米火热的表现超出了人们的想象，有人说小米手机的硬件配置是现有技术的组合，称不上是重大技术创新。MIUI 操作系统是在 Android 基础之上改进的，而米聊虽然号称有数百万用户，但比起 QQ 来就小巫见大巫。我们从硬件配置上找不到小米成功之处，但当雷军将其拥有的资源整合在一起的时候，小米就拥有了一种神奇的力量。

1．营销模式创新

小米手机除了运营商的定制机外，只通过电子商务平台销售，最大限度地省去中间环节。通过互联网直销，市场营销采取按效果付费模式，这样的运营成本相比传统品牌能大大降低，从而最终降低终端的销售价格。另外，小米从未做过广告，雷军说，保持产品的透明度和良好的口碑是小米初步取胜的秘诀。从 MIUI 开始，小米就牢牢扎根于公众，让公众（尤其是发烧友）参与开发，每周五发布新版本供用户使用，开发团队根据反馈的意见不断改进，此后的米聊和小米手机皆如此，而且还鼓励用户、媒体拆解手机。有人说发烧友是一个特定的用户群，不一定能代表广大用户，但这些人其实是最苛刻的用户，他们反馈的意见将推动小米手机不断改进用户体验。而且，数十万人的发烧友队伍是口碑营销的主要力量。小米的成功，在于依靠 MIUI、米聊用户及以发烧友为原点而带动的口碑营销。

2．商业模式创新

目前所有手机厂商的商业模式都是靠销售手机赚钱，在商业模式上，小米也可以和传统手机厂商一样靠硬件赢利，但小米却把价格压到最低、配置做到最高。作为一家互联网公司，小米更在意用户的口碑，只要有足够多的用户，盈利自然不是问题，最后也许小米公司只卖出 100 万部手机，却吸引到了几千万的移动互联网用户。Google 将 Android 免费，是想通过搜索和广告盈利，Amazon 的 Kindlefire 低价亏本销售也是这个思路，只要用户量足够多，以后通过终端销售内容和服务就可以盈利。大部分手机厂商没有经营用户的认识，特别是国产品牌，只知道单纯地卖手机，却没看到手机作为移动终端背后的庞大市场。如果只是低价卖手机，用户又不是自己的也没意义。而小米是自己的手机品牌，并且自己有系统级产品服务，能让用户不仅是自己的手机用户，而且是自己的系统用户，这样发展起来的用户就有价值。其实从这点上说，小米与苹果已经很类似，区别是苹果的利润主要来自硬件，而小米却不靠硬件盈利。

3．竞争战略创新

一个小公司，当没有资源、品牌和用户的时候，就必须找到一块最适合的战场，让大公司看着眼馋，却不敢进来。显然，小米找到了这样的一片蓝海：小米在不靠硬件盈利的模式上发展手机品牌，软硬件一体化，定位中档机市场2000元，价格向下看、配置向高端机上靠齐，甚至领先。这个产品空间以及利润空间的考虑，其他厂商不太好进入。另外，手机与移动互联网混合的模式也使得小米没有竞争对手，小米所有 Android 开发的竞争对手都不是其做手机的竞争对手，所有做手机的竞争对手又都不是其做 Android 开发的竞争对手。而且就算是竞争对手模仿跟进，将遇到难以想象的困难和挑战。小米相对于一般的 Android 厂商的优势是有多个差异化竞争手段（MIUI.米聊等）。而雷军最大的优势是那些关联公司（金山软件、优视科技、多玩、拉卡拉、凡客诚品、乐淘等）。只要小米和这些公司进行服务对接，就有了其他手机厂商都不具有的优势——低成本、高效率、整合速度快和双向推动作用，可以形成一个以小米手机为纽带的移动互联网帝国。

粉丝经济：它泛指架构在粉丝和被关注者关系之上的经营性创收行为，被关注者多为明星、偶像和行业名人等。粉丝经济最为典型的应用领域是音乐，在音乐产业中真正贡献产值的是艺人的粉丝，它由粉丝所购买的CD、演唱会门票、彩铃下载和卡拉OK中点歌版税等收入构成，也因此有专业的机构在2011年将ARPU （Average Revenue Per User）的概念引入到粉丝经济中，即单位付费粉丝的月消费贡献值，有专家预测，随着互联网的发展，艺人影响力的排名将来很可能会由唱片的发行量转由ARPU代替。

曾有很多人把小米的成功解读为饥饿营销的成果，有人则更直接地将其称为变相的期货模式，即锁定用户的预付款而推迟发货，然而产品发布之际的超高性价比，随着时间的流逝逐渐成就了产品销售的超高利润。但实际上，低价、高配还难以让小米迅速成为神话，比700多万部手机销售成绩更为传奇的是500多万忠诚的小米粉丝——“米粉”。

米粉的狂热，从以下可见一斑：2012年4月6日，小米成立两周年，上千名米粉从各地赶到北京，小米手机董事长兼CEO雷军在台上一呼百应。现场公开发售，10万部小米手机仅用了6分5秒就全部被抢空。而在广州、武汉等地，小米之家本来是上午9点上班， 可很多粉丝在8点就到门口排队。每一家小米之家成立时都会有人送花、送礼、合影，满一个月的时候还有人来庆祝“满月”，甚至还有人专门为小米手机作词作曲写歌，这些米粉，成为购买小米的主力军。这是小米得以演绎神话的最重要原因，也是雷军向苹果和乔布斯学习的成果。

7.3　万家乐：破“界”全网营销缔造品牌销售全链条传奇

7.3.1　从零了解万家乐

广东万家乐股份有限公司成立于1992年，主要产业涵盖厨卫电器和输配电设备，拥有“万家乐”和“顺特”商标。1994年在深圳证券交易所主板挂牌上市。万家乐是一家专业从事清洁能源（燃气）和可再生能源（太阳能、空气能）的高效利用，以产品和服务为核心价值的低碳、智慧型企业集团，主营发展热水及关联产业（热水系统、采暖系统、水净化系统）和厨房及关联产业（整套厨电、集成橱柜、生活电器、空气净化器），为客户提供家居（商用）热水、采暖及厨房的产品及整体系统解决方案。

万家乐技术中心成立于1992年，于2008年被认定为省级企业技术中心，拥有“广东省燃气具工程技术研究开发中心”，并发展成为全国一流的燃气具工程技术研究开发中心，成为行业内首家“国家认定企业技术中心”。技术中心充分发挥科技核心的作用，先后主持和参与制定了22项国家标准和11项行业标准，累计申报国家专利200余项，多项技术处于国际领先水平。

7.3.2 万家乐的全网营销故事

天下事有难易乎?为之，则难者亦易矣；不为，则易者亦难矣。这段古人的金玉良言用在品牌的塑造上，可谓精准之至。如今，在移动互联网大行其道的当口，要想塑造良好的企业品牌形象，除了需要具备产品本身的高质量标准之外，更要注重全网营销的推广方式，只有这样，才能让消费者与品牌形成信任与依赖的情感纽扣关系，才能实现用品牌影响力带动销售的全链条构建。作为厨卫行业佼佼者的万家乐，宝刀出鞘、锋芒万丈，大刀阔斧的破“界”全网营销，缔造了属于厨卫行业的营销传奇，谱写了老百姓喜欢的“爱的味道”做中国菜的厨电、老百姓信赖的“爱的温度”智能浴篇章，如图7-4所示。

图7-4 万家乐广告宣传

除此之外，万家乐还联系众多社交媒体，强势打造品牌效应。

地铁里、工作中、睡觉前、吃饭时……这些除了睡觉的所有时间，人们都可能在与它们（微博、微信）缠绵。可见，随着移动互联网的普及与发展，人们上网的时间变得更便捷、碎片化，而微博与微信独特的社交、媒体属性，让它们对人们的生活产生不可预估的影响力。因此，对于微博、微信的营销，可谓是全网营销中非常重要的一部分。万家乐持之以恒注重“双微”运营，拉近与消费者的距离，并从情感上给予消费者依托，及时到位地解决一对多咨询，如图7-5所示。

图7-5 万家乐活动营销

除此之外，万家乐2013年度“双微”运营还采用了许多新的媒体手段与方式，例如微漫画、One Page、微话题、微活动等。具有万家乐品牌特性的“小乐”形象漫画深受网友喜爱，并得到了大家的一致认可，尤其是增加了万家乐的亲切度，品牌黏合度有了很大提升。万家乐采用新浪微博 One Page 定制模板，把“爱的温度”万家乐智能浴具体演绎成包含多个微博的分享互动，使得微博上的用户可与万家乐直接产生关注、赞等社交关系，实际地强化了微博的社交功能，也真正地让网友对万家乐品牌产生直线认知，并了解产品的相关情况，提高品牌美誉度；同时，万家乐还展开多种微博、微信活动，让消费者体验大品牌带来的实惠与穿透力，在“双微”并进的运营中，增强互动性，使品牌具有超人格魅力。

7.3.3　万家乐的事件营销

事件是营销的根本魅力，事件策划体现着品牌的品位与定位。万家乐 2013 年针对智能浴、做中国菜的厨电、空气能热水器、净化器等产品，做了层层递进、百花齐放的事件策划，在网络上形成良性传播。

2013 年针对这些产品做的活动和事件主要有：热水升级——老用户回访活动。这个活动的主要目标群体是面向万家乐的老用户，维护万家乐一如既往的好感度，让老用户与万家乐的贴合度更高，同时帮助老用户了解万家乐的新产品，做到情感升级的销售策略。紧接着，在五一前后，万家乐展开了“让关爱不再等待”的系列活动，呼吁大家参与互动积极关爱、晒爱、抢爱、赢爱，渗透万家乐的品牌精神之一——关爱家人。随后，又分别开展了“爱的温度”“爱的味道”活动，趁热打铁巩固品牌印象，贴近消费者的生活、情感层面，从热水器到厨电进行了统一的品牌规划，引发网友很高的参与度，为万家乐注入了“爱”的关键词。

图 7-6　万家乐事件营销

万家乐还制作了微电影进行推广，诙谐幽默的微电影《“澡”恋的“浴”望》巧妙地把洗澡的故事与万家乐结合在一起，让人们了解了关于洗澡的前世今生，把万家乐现代的产品理念以及生活方式传达给自己的受众群体，在网络上形成了独一无二的“洗澡那些事儿”的传播途径，如图 7-6 所示。

与此同时，事件传播配合着 SEO 优化，使得万家乐在百度等搜索引擎排名中迅速上升，与热水器、热水系统、吸油烟机、燃气灶等关键词直接形成长尾词效应，大大提升了万家乐的品牌知名度，契合了万家乐一贯的品牌理念。

回首 2013 年，万家乐的全网营销策略稳、准、狠，取得了超过预期的传播效果，从微博来讲，目前已经有了超过 84 万的粉丝数量，微博活动的互动参与量也呈现螺旋式上升趋势；从微信来讲，阅读量、粉丝数等情况都客观反映了万家乐的实际传播效果是有效且精准的；从百度指数来讲，万家乐也一跃成为搜索排名靠前的厨卫企业，这些传播效果，都在证明万家乐的影响力不断提升，影响的范围和人群在逐步扩大。未来，万家乐的全网营销之路还将进一步升华与创新，势必掀起厨卫领域的营销风暴。

7.4 拓展案例

WIS：护肤的微营销之路

随着社会经济的发展，生活节奏的加快，年轻人的学习、工作、生活等种种压力也接踵而来。日常作息和饮食的不合理，以及皮肤护理不当等行为，往往会使年轻人原本纯净的肌肤产生各种皮肤问题。

WIS（微希）成立于2010年，是一个土生土长的草根品牌，定位是“为年轻而生，以拯救年轻肌肤为己任”，是国内最热销护肤品牌之一。致力于为年轻人的常见皮肤问题，如痘痘、粉刺、黑头、粗大毛孔、油光以及痘痘遗留的痕印等提供全面、安全的解决方案。

早期的WIS依托淘宝店进行销售，WIS护肤品一直在寻找一种能够有效拉动淘宝销量的方法，做过淘宝直通车，做过其他站外引流，效果一直平平。后来，WIS开始新浪微博运营（见图7-7），其微博营销主要做的是利用名人微博效应带动企业微博，通过微博红人的知名度来得到消费者的关注和了解，通过微博这样一个媒介让那些红人的粉丝进一步去了解及喜欢上这个产品。通过不懈的努力，WIS成功地成为微博里的一个草根明星，目前WIS的最新粉丝数已经达到300万。

图7-7 WIS微博

现在玩微信的人越来越多，大家在上面所花的时间也是越来越多，渐渐地，微信成为了社交工具的主流，大有赶超微博的势头。作为商家，有必要在这样一个主流社交平台上面，建立一个店，来维系品牌与客户间的沟通。

WIS在口袋通免费开通了微信店铺，顾客只需要使用微信就可以更方便、更随时地购买到产品。同时微信在分享信息方面也是非常方便，分享给朋友或者是朋友圈，简单点两下就OK了，这样有利于口碑营销。开微信店铺的同时，通过微信上面的各种活动，把一些意向的粉丝积累并沉淀下来。拥有粉丝，就是拥有流量，有了流量，销售量自然会提升。

很多商家反映，微信的这个生态系统相对封闭，很难去从其他渠道推荐粉丝来关注微信，那么WIS是怎么做到的?

WIS微博的粉丝基数很大，公司想到了从新浪推荐到微信的方法，在微信端通过签到送礼物，定期开展秒杀活动等来提高店铺的人气，通过一系列的活动，微博粉丝陆陆续续到微信上来了。

WIS微信运营团队现在有三人：一人负责私信回复，充当客服工作；一人负责订单处理，还有售后工作（还兼顾其他平台）；一人负责运营与内容维护。

可以说WIS的微信店铺是当前非常成功的标杆案例，他们的成功主要归功于以下几点：

（1）有良好的微博营销的基础，300万的粉丝是其成功的保障；

（2）有良好的粉丝运营能力，通过签到的活动，实现了粉丝用户的黏度和温度；

（3）有良好的服务意识，通过专人服务，解答粉丝的问题，并实现互动传播，从而提升了粉丝的忠诚度和自我传播意愿。

当然，WIS 在微营销上也有一些不足，主要表现在：

（1）在后台系统认知上还是不足，没有配备专业的 OMS、CRM、WMS 等系统软件；

（2）对多平台营销的特点认知上也存在不足，没有真正地实现全网营销。

微信平台是天然的 CRM 平台，因此 WIS 可以充分利用 300 多万粉丝的优势，通过引入电子商务信息化系统，充分利用数据挖掘，整合各平台的数据及客户数据，实现精准营销；后期可以引入 CRM 系统，整合全网数据，让小电商也能用大数据，充分发挥微信平台的互动能力，提升客户满意度，打造新的微营销高度。

思 考

（1）微博平台和微信平台在营销方面各自具备哪些优势和不足？

（2）WIS 的粉丝营销同小米的粉丝营销相比，不同之处在哪里？

（3）WIS 成功的关键点有几个，分别是哪些？

（4）微营销是否适合所有的产品类目进行营销模式的创新？

7.5 本章总结

电子商务营销是网上营销的一种，是借助于因特网完成一系列营销环节，达到营销目标的过程，是营销能力和互联网网络工具操作能力相结合的复合型高科技营销技能。电子商务营销模式是在原来传统营销模式基础上的进一步创新和提炼，是一种更高级的营销模式。

无论是淘宝、京东等电子商务平台，还是自主建立的电子商务网站，又或者是其他需要客服销售的企业，基本都存在这样一个运营流程，即推广→客服→销售，推广自身网站和产品，客户通过客服进行相关咨询，转接销售进行语音服务。可见，在电子商务网站等销售型企业中，客服的作用是非同小可的。

电子商务的本质是零售，而客服和销售则是店里的服务员。客服的主要职能如下：解决客户关于产品和服务项目的疑问，让客户对购买产生兴趣，进行心理疏导；让客户留下联系方式，以便销售员进行销售业务或自行进行销售服务。客服的门槛不高，然而，好的客服人员却异常缺乏，因为这是由客服在整个营销体系中的关键性所决定的。

因为没有经过专业培训和管理，很多企业的客服人员业务能力低下，难堪大用，作为与直接销售相关联的关键环节，一个好的客服人员对于业绩提升至关重要。每一位企业管理者对此深有体会，寻找优秀的客服人员，也成为了这些企业管理人员的重要课题。

7.6 课外练习

1. 电子商务的营销模式是什么？分为哪几种？
2. 电子商务营销模式创新需具备什么条件？如何创新？
3. 小米成功的关键点有几个，分别是哪些？
4. 粉丝经济在小米成功的模式中起到了什么作用？
5. 小米是如何做到营销模式创新的？

PART 8

第8章 电子商务物流案例

本章学习目标

- 了解物流、商流和信息流之间的关系
- 掌握电子商务物流与传统物流的差别及电子商务物流系统的组成
- 能够帮助企业分析电子商务物流活动开展中的优势和不足

8.1 基本知识点

1．物流、商流和信息流的关系

所谓商流，是指物品在流通中发生形态变化的过程，即由货币形态转化为商品形态，以及由商品形态转化为货币形态的过程。而物流是商品物理移动的过程。

商流是物流、信息流的起点，也可以说是“三流”的前提，一般情况下，没有商流就不可能发生物流、信息流；反过来，没有物流和信息流的匹配和支撑，商流也不可能达到目的。它们之间是互为存在的前提条件，又互为依存的基础。

（1）信息流是由商流和物流引起并反应其变化的各种信息、情报、资料、指令等传递过程中形成的经济活动，因此信息流是具有价值和使用价值的，没有信息流，商流和物流就不能顺利进行。

（2）信息流既制约着商流，又制约着物流，它为商流和物流提供预测和决策依据，同时，信息流又将商流和物流相互沟通，完成商品流通的全过程。

（3）“三流”之间相辅相成，紧密联系，互相促进，因此“三流”不仅有利于提高流通企业的经济效益，而且有利于提高社会效益。

2．电子商务物流与传统物流的差别

电子商务物流与传统物流有显著的不同，具体表现在以下五个方面。

（1）企业内、外部之间的物流运作实行供应链管理。实行供应链管理可以使供应链中的各成员企业之间的业务关系得到强化，可以显著提高物流的效率，降低物流成本。

（2）实现零库存生产。零库存生产是指将必要的原材料、零部件以必要的数量在必要的时间，并且只按需求数量生产，它是电子商务条件下对生产阶段物流的新要求。

（3）物流信息化。物流信息化表现为物流信息的商品化，物流信息收集的数据化和代码化，物流信息处理的电子化和计算机化，物流信息传递的标准化和实时化，物流信息储存的数字化等。

（4）物流配送的全球化。电子商务为众多企业拓展市场的同时，也对企业的物流配送提出了全球化服务的要求。

（5）物流物流服务的多功能化与社会化。电子商务物流要求为企业提供全方位的服务，包括仓储、运输服务，还包括配货、分发和各种用户需要的配套服务，使物流成为连接生产企业与最终用户的重要环节。同时，在电子商务条件下，物流服务也将更多地依靠专业的物流公司来提供，物流服务的社会化趋势将越来越明显。

3．电子商务物流的重要性

（1）物流是信息流、商流和资金流最终实现的根本保证。物流是电子商务全过程中的关键环节，没有商品或服务的转移，信息流、商流和资金流就无法真正实现。

（2）电子商务物流是体现电子商务优势的重要条件。广义的物流包括原材料物流、生产物流和销售物流三个部分，要体现电子商务的真正价值，必须在整个生产经营过程中，保证物流的畅通、高效及低成本，否则电子商务只能是高速公路与羊肠小道的对接，无法显示其显著优势。

（3）物流配送效率是用户评价电子商务满意程度的重要指标。当信息流、商流、资金流通过网络得以实现后，物流服务水平的高低成为用户选择商家的重要因素，如网上购书，在价格基本相同的情况下，读者选择网上书店的最基本依据是最短的配送时间。因此，没有真正让用户满意的物流服务，电子商务就无法为用户创造应有的价值。

（4）电子商务物流的解决也能提高我国企业的国际竞争力，适应经济全球化发展的迫切需要。国内的企业对物流问题一直重视不够，因物流的漏洞造成的经济损失十分巨大。中国加入WTO后，国外许多专业从事物流服务的企业将进入中国市场，展开“第三利润”的争夺战，如果意识不到这一点，那么在电子商务飞速发展的今天，物流解决能力的不足将会直接影响国内企业的国际竞争力。

4．电子商务物流系统的组成

电子商务物流系统由物流作业系统和物流信息系统两部分组成。

（1）物流作业系统。物流作业系统包括运输系统、储存保管系统、装卸搬运、流通加工系统，这些系统保障运输、保管、搬运、包装、流通加工的过程顺利进行，并使生产据点、运输配送线路、运输手段等现代化。

物流作业系统的真正效率来源于人机系统，科学、高效的人机系统设计可以有效地减少由于人机协调性差造成的功效浪费，同时也能极大地提高物流作业系统的整体效益。在对人机系统设计的研究中，人为失误的类型有取代失误、调整失误、遗忘失误、颠倒错误、无意启动、无法触及等，所以系统设计上应采取容错设计、增加设计可靠度、可逆措施、防误防呆设计、记忆辅助措施、警示措施等方法加以解决。

（2）物流信息系统。物流信息系统是由人员、计算机硬件、软件、网络通信设备及其他办公设备组成的人机交互系统，其主要功能是进行物流信息的收集、存储、传输、加工整理、维护和输出，为物流管理者及其他组织管理人员提供战略、战术及运作决策的支持，以达到组织的战略竞争优势，提高物流运作的效率与效益。它是高层次的活动，是物流系统中最重要的方面之一，涉及运作体制、标准化、电子化及自动化等方面的问题。计算机技术、网络技术及相关的关系型数据库、条形码技术、EDI等技术的应用使得物流活动中的人工、重复劳动及错误发生率减少，效率提高，信息流转加速，使物流管理发生了巨大变化。

5．物流对电子商务的影响

如同传统商务过程一样，电子商务中的任何一笔交易，都包含着基本的“流”的并存，即信息流、商流、资金流和物流。随着电子商务的进一步推广与应用，物流的重要性日益明显。

（1）物流电子化是电子商务的重要组成部分。从根本上来说，物流电子化应是电子商务的组成部分，缺少了现代化的物流过程，电子商务过程就不完整。

（2）物流是电子商务概念模型的基本要素。电子商务概念模型是对现实世界中电子商务活动的一般抽象描述，它由电子商务实体电子市场、交易事务和信息流、商流、资金流、物流等基本要素构成。在电子商务概念模型的建立过程中，强调信息流、商流、资金流和物流的整合。

（3）物流是实现电子商务的保证。目前的电子商务是在网上订货，用传统物流体系送货。许多网上商店由于解决不了物流问题，往往限制送货范围，从而失去电子商务的跨地域优势。因此，物流是实施电子商务的关键所在。

8.2 顺丰优选——第三方物流的 E 发展

8.2.1 顺丰优选的运营现状

1. 顺丰简介

图 8-1 顺丰优选首页

顺丰优选是由顺丰速运集团倾力打造，以全球优质安全美食为主的网购商城。网站于 2012 年 5 月 31 日正式上线，目前网站商品数量超过一万余种，其中 70%均为进口食品，采自全球 60 多个国家和地区。全面覆盖生鲜食品、母婴食品、酒水饮料、营养保健、休闲食品、饼干点心、粮油副食、冲调茶饮及美食用品等品类，网站将致力于成为用户购买优质、安全美食及分享美食文化的首选平台，如图 8-1 所示。

2. 优选事迹

2012 年 5 月 31 日，顺丰优选正式上线，北京区域全品类配送。

2012 年 12 月 12 日，顺丰优选“时令优选”频道上线，特色经济产品开通全国配送。

2013 年 2 月 26 日，顺丰优选新增上海、广州、深圳三个城市常温产品配送。

2013 年 3 月 26 日，顺丰优选新增天津、南京、苏州、武汉、杭州五个城市常温配送服务。

2013 年 4 月 26 日，顺丰优选新会员体系上线。

2013 年 5 月 2 日，顺丰优选首款海外直采产品太阳堂凤梨酥上线。

2013年5月26日，顺丰优选开通天津生鲜配送。

2013年5月31日，顺丰优选成立一周年。

2013年9月9日，顺丰优选开通华南、华东两仓，至此可常温配送37城，生鲜配送11城。

2013年10月10日，顺丰优选再扩大20城，常温配送可送57城。

8.2.2 顺丰优选的商业模式

1. 战略目标

随着人们生活水平的提高，健康安全的进口类中高端食品消费必然会成为社会主流的消费趋势，顺丰优选将利用顺丰速运集团资源，放眼全球优质美食，逐步实现全球产地直采，缩短供应链，让用户享受到真正零污染、安全健康、优质优价的全球美食。顺丰愿意为客户想得更多、做得更多，成为高品质生活方式的引导者和健康生活理念的传播者。网站将致力于成为用户购买优质、安全美食及分享美食文化的首选平台。

2. 目标用户

定位于目前中国快速兴起的中产富裕阶层。

3. 产品与服务

主营：水果、蔬菜、蛋品、低温奶品、冷藏品、速食冰品、冰冻水产、精品肉类。

服务：售前咨询、售后优选，专人服务、方便快捷，批量采购、支付灵活，物超所值、统一配送，全程冷链、空运直达。

4. 核心能力

（1）专业采购严格甄选。顺丰优选秉承顺丰速运的服务理念和服务优势，强调食品安全与优良品质，力求把每个购物体验环节都做到最好。顺丰优选美食采购团队均来自大型跨国公司，部分具备CIPS英国皇家采购师职业资格认证。

（2）完备仓储高效流程。顺丰优选北京仓储中心占地面积8000 ㎡，配备专业的多温控区间仓库，可满足－60℃～－30℃的“冷冻、冷藏、常温”及“恒温恒湿”商品的储存需求。

同时，依托全球最领先的WMS仓储管理系统，具备完善、高效的订单处理能力，为产品流通提供了最坚实的保障。

（3）冷链直达贴心服务。优选专业先进的全程冷链设备，保证货物到达用户手中仍新鲜如初；优选包装设计精美，应用合理，点滴细节都为保证配送商品品质，提升用户购物体验。

（4）品牌优势。

全球美食：专享世界特色美食，足不出户坐等全球美味。

产地直采：专注原产地采购，国内外直采正品保障。

全程冷链：专业冷链存储运输，生鲜美食品质无忧。

顺丰直达：专属物流快速送达、原汁原味新鲜到家。

8.2.3 顺丰优选经营模式

1. 明确的战略定位

扎根中端，发展中端产品，逐步拓展中高端。中高端的企业品牌，既对现有中高端客户产生拉动作用，也与未来的中高端客户的需求相匹配。顺丰在致力于提供质量稳定的标准产品/服务来满足目标客户基本需求的同时，研究开发各种增值服务，构建合理的产品体系，以满足更广泛类型的中高端客户的差异化需求，来打造中高端的企业品牌，提供给客户超值的感受。

2. 未来业务发展方向

立足核心业务、强化支持手段、稳步拓展多元化业务。

3. 主要措施

（1）自建网点、两级中转。顺丰坚持以自建网点的形式拓展业务，确保对运营网络的控制，从而保证快递产品流转过程中的作业标准化和信息透明化。为广大客户提供快速、准确、安全、经济、优质的专业物流服务。

（2）广泛的运营网络。顺丰集团分别从空中和地面两个纬度构建快速高效、覆盖广泛的运营网络，并配备先进的全球 GPS 定位系统，全程监控，为快件中转、速递服务提供强有力的支持。空中和地面网络密切配合、有效衔接，为客户提供了快速、高效的快递服务。

（3）直营网络自主化管理。顺丰为提升服务质量和快件安全，公司按照网点自营方式进行网络扩张，实现网点管理自主化、人员管理自主化、车辆管理自主化，但同时分区管理，极大地提升了运作质量和客户满意度。

（4）服务模式。顺丰竭力构建一个专业、安全、快捷的服务模式。专业是指专业的流程、专业的设施和系统，并且开通了 VIP 绿色通道等；安全是指全方位的检测体系、严格的质量管控等；快捷是指构建了 12 种服务渠道，使顾客能时刻体验轻松、便捷的顺丰服务。

（5）跨界经营。顺丰开通了网上商城顺丰 E 商圈，E 商圈网经营的商品囊括了数码、母婴用品、商务礼品等商品，主打中高端物流服务的顺丰 E 商圈跨界经营网上商城，是凭借物流配送优势，并且顺丰 E 商圈将网上零售业务作为一个产品来运作。 同时顺丰还推出了配套的支付工具——顺丰 E 商圈宝，但是目前仍处于起步阶段，难以和现在一些有名的 B2C 网站抗衡，并且仍存在一些问题。

8.2.4 顺丰优选的 SWOT 分析

1. 顺丰优选的优势（S）

（1）自有的强大物流配送体系。目前，顺丰在中国已建有 6000 多个营业网点，覆盖了中国 31 个省、自治区和直辖市，300 多个大中城市及 1900 多个县级市或县区。

（2）目标客户群很清晰。顺丰优选的客户范围与顺丰配送优势范围高度契合，甚至能达到双倍以上的效果。

（3）长期承担国内网购高端用户市场的配送，拥有大量的用户数据，推广成本相对廉价。顺丰公司自己拥有庞大的客户群体系，包括月结客户、集团客户、大客户。这将在很大程度上便于推广并节约资金与时间。

（4）良好的口碑。在快递业内的鼻祖定位和严明的形象，得到了网民的高度信赖。从消费者的选择可以反映出民营快递企业中顺丰在消费者中的良好印象。

2. 顺丰优选的劣势（W）

（1）生鲜供应链要求高，产品生命周期短且易损，尤其在对包装材料和 JIT（准时生产方式）能力上有很大考验。

（2）生鲜食品安全的要求高。大家对食品安全越来越重视，顺丰优选的发展首先将面临对生产环节的监控、运输过程以及最后质检。这一切对时间、人力、物力以及专业人才与技术都有较为严苛的要求。

（3）本地化的仓储建设要求高，需要一个城市几个仓。顺丰网点多不等于仓库多。而顺丰优选的定位决定了其首要目标为一线城市，所以建仓的资金量及难度也会大幅度增加。

（4）快递与电子商务两者之间是两个不同的行业领域，运营模式与思维、人才与团队差别都很大。除了运营与团队问题外，内部资源的分配是否能达到整合借力的目的，都存在很大变数。

3. 顺丰优选的机会（O）

（1）国内食品频频出现问题，信誉度也每况愈下，顺丰进口食品为主牌，正好迎合广大消费者需求。

（2）市场不成熟，没有成功案例。生鲜电子商务刚刚起步，一片蓝海，属于中国电子商务业比较空白的一个领域，其行业的潜力与风险成对比。

（3）创业初期有实力给这个行业定个规则，制定行业壁垒，其他人难以进入分享。

（4）倡导绿色安全食品，现阶段靠政府的监管很难达到的时机下，能引导中国食品行业良性发展，将成为政府扶持标配。

4. 顺丰优选的威胁（T）

（1）生鲜产品属于非标准商品。精美图片并不能满足客户购买欲望，所以产品的各方面要求将大大提高，投入资金以及建设难度增大，盈利必成为大问题。

（2）国内网购高端市场需求不大。目前有高端的成功案例，却没有电子商务，走秀网艰难维持，唯品会以打折为主，投入巨资的银泰百货遭遇市场的需求瓶颈，定位高端的玛萨玛索在寻求转卖中。相反，淘宝和凡客等能够高速扩张，与其定价定位有紧密关系，大部分网购用户就是希望买到物美价廉的商品，价格很低甚至免费配送的门槛，很低的退货成本，甚至免费退货。

（3）资金链存在断裂风险。顺丰速运的现金流是顺丰优选资金稳定性的保障，顺丰优选能否长时间平稳运行，与顺丰速运营业额息息相关。电子商务要花钱，顺丰的快递业务却出现了下滑。据相关媒体报道，顺丰 2013 年的增速仅有 30%，而去年顺丰增速近 50%。在顺丰的高速增长回落之际，“四通一达”的降速并不明显，还维持在 40%，个别企业如韵达快递甚至还保持了近 100%的增幅。同时，物流成本的上涨也让人压力很大，根据中国物流与采购联合会发布的最新数据，2011 年中国物流成本 8.4 万亿元，占 GDP 比重达 17.8%，远远高出发达国家水平。

8.3 苏宁易购物流系统打造竞争内核

8.3.1 苏宁易购的基本情况

苏宁易购是建立在苏宁电器强大后台基础上的电子商务平台，作为实体零售的辅助，苏宁易购旨在通过利用苏宁既有优势，通过自主采购、独立运营，将虚拟经济和实体销售模式相结合，配合苏宁电器集团打造虚实结合的新型家电连锁模式。

目前，苏宁易购网站以通信产品、电脑、数码产品、冰箱、空调、电视机、厨卫、生活电器等为主。与此同时，苏宁易购也不拘泥于家电零售，在快速消费品、百货产品、家居产品、娱乐产品等领域，全面布局，利用网络平台便捷的优势，实现由家电 3C 零售商向综合产品零售商的转型，如图 8-2 所示。

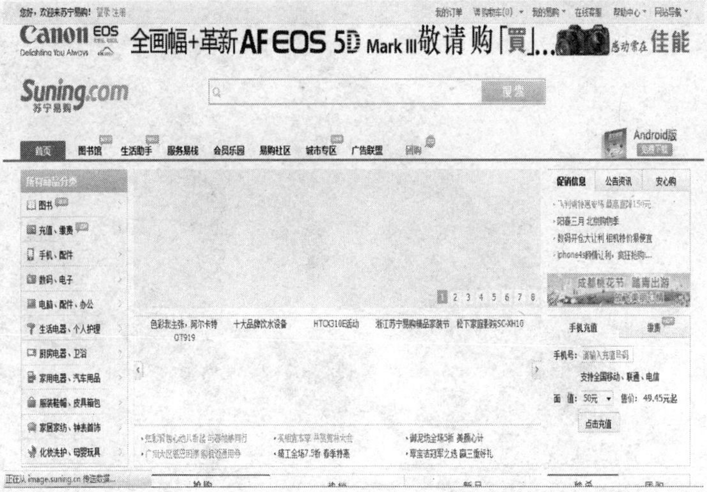

图 8-2 苏宁易购首页

在区域覆盖上，苏宁易购将会依托中国香港地区的平台和日本的平台，利用网购领域无国界的特点，借助强大的管理后台、技术平台，同步进军国际电子商务市场，并向东南亚地区实现渗透。

8.3.2 苏宁易购的物流运营模式

电器类产品利润的逐渐摊薄，加速了 B2C 平台电子商务的转型，苏宁易购由原来倚重的家电、3C 类产品到综合类产品，正在掀起一场轰轰烈烈的“变脸”运动。在转型过程中，原来的一些既有优势，都想在新品类上表现得更为淋漓尽致。

在采购供应链上，苏宁易购一方面依托集团规模采购的成本优势，一方面强化自主采购符合市场特点的商品。同时苏宁易购还将依托苏宁与供应商之间的 B2B 平台，全面提高苏宁易购供应链管理的效率，与供应商之间通过 CPFR（协同规划、预测与补货），进一步降低缺货率和提高库存周转效率。在苏宁易购平台，只要输入“运动鞋”三个字，一百多件鞋类产品随即出现在眼前，以李宁品牌为主，包括篮球、网球、轻跑等各类用途的运动鞋，价格、比较、评价等赫然在列。值得注意的是，在前端醒目的位置，苏宁易购平台均标有“收货城市”的选项，并用红颜色提醒消费者“请选择正确的收货城市，方便同城准确配送”。在其他平台，这是未曾见到的一个细节，相关负责人表示，这正是苏宁易购平台在物流方面有优势、有信心的表现。苏宁易购与苏宁电器共享物流配送网络，其网点遍布全国，不存在自建物流体系的 B2C 企业具有地域局限性。

在物流服务上，苏宁易购将建立由 93 个大家电中心仓、10 个自动化与高效率的小件商品自动化仓库和 1000 个依托区域核心门店、物流基地的自建快递点构成的全国物流配送体系。大家电中心仓将实现同城半日送达；10 个自动化仓库采用全球领先的 Miniload 自动化立体存储、语音拣选、RFID、电子标签拣选、自动包装、传输与分拣等技术，结合 WMS 管理系统实现从订单下达、拣选到客户送达，全程运作的快速、透明、智能监控，也大幅度提高了小件商品的配送速度；1000 个转配中心不仅将实现覆盖区域内全品类 24 小时送货到位，坚持最后一公里自营服务，还可以向顾客提供小件商品自提服务，享受现场提货、现场验机和调试，同时，还可额外享受相应的优惠政策，如图 8-3 所示。

图 8-3 苏宁易购配送车队

在未来三年，苏宁易购会组建千人 B2C 专业运营团队，力争在中国家电网购市场上占据超过 20%的份额，成为中国最大的 3C 家电 B2C 网站，引领中国电子商务的发展潮流，致力于打造中国家电网购市场的超级航母。

8.3.3 苏宁易购的优势及存在问题分析

1. 苏宁易购的优势

苏宁易购的优势在于其依托于传统零售巨头苏宁电器上千亿的采购平台与强大的供应链支撑，以及与国内外厂商的直接合作关系及长期建立的信誉度使其具有产品价格方面的谈判优势，将在品牌、产品品类方面比 B2C 其他网上商城更丰富，价格方面也将会具有一定的差异性。

以传统零售巨头身份切入 B2C 市场的苏宁易购，在模式上并不存在轻与重的争论，传统零售的优势体现在供应链、信息化系统等方面，也正是基于这些既有优势，苏宁易购的电子商务道路才走得顺畅。前三季度苏宁易购宣布实现销售额 40.79 亿元，市场占有率达到 3.4%，仅次于淘宝商城及京东商城，轻松将当当网、卓越网等在 B2C 领域耕耘多年的选手甩在身后。

这种浓厚的传统零售痕迹，令苏宁易购的电子商务道路与大多数 B2C 企业存在很大不同。它没有紧迫的资金需求——为了推进其 B2C 战略的实施，苏宁电器已于 2011 年 6 月发布定向增发股票预案，募集 55 亿元资金，其中超过 30 亿元的资金用途与 B2C 战略有关；同时亦没有重型化的种种操作问题——物流配送向来是苏宁的强项。

2. 苏宁易购存在的问题

（1）态度问题。苏宁提出了全新产品系列的概念，但这个产品系列并不是为网购人群量身定做的，而是以消耗既有供应链资源为目标的。

（2）分工问题。传统渠道和网购渠道之间的矛盾，苏宁易购网没有任何“说辞”，虽然新闻通告中强调了苏宁强大的仓储、物流、售后服务将服务于苏宁易购网，但怎么做，并没有清晰的脉络和明确的利益分配。

（3）线上线下价差问题。电子商务企业快速反应的促销方式、价格变动，将严重干扰苏宁和苏宁易购网的价格体系，坚持线下线上同价销售，苏宁易购将失去优势；异价销售，则会危及门店销售的利益。

（4）在线下，苏宁有一大部分收入由厂家促销活动和厂家店内广告组成，而线上暂时媒体效应薄弱的苏宁易购网，单纯靠产品盈利，其利润极为堪忧，成为“烧钱机器”的可能性极大。

8.4 拓展案例

聚美优品物流系统管理

1. 聚美简介

聚美优品是第一家也是中国最大的化妆品限时特卖商城。聚美优品由陈欧、戴雨森和刘辉创立于 2010 年 3 月，聚美优品的宗旨为“聚集美丽，成人之美”，致力于创造简单、有趣、值得信赖的化妆品购物体验，如图 8-4 所示。

图 8-4　聚美优品首页

2. 聚美优品的运作模式

聚美优品坚持只从品牌厂家、正规代理商、国内外专柜等可信的进货渠道采购商品，并在采购部专门设置自己的质检员。让消费者拥有良好的服务体验，进而取得消费者的信任。目前，聚美优品拥有 300 万注册用户，占女性化妆品团购市场份额的 80%以上，是国内最大的化妆品团购网站，开创了一个以团购模式呈现的电子商务奇迹。在天使投资人徐小平看来，网购化妆品也是近两年刚刚出现的事情，是聚美优品改变了人们购买化妆品的消费习惯。

3. 聚美优品的物流

众所周知，物流是电子商务发展的瓶颈和最大障碍，在电子商务中，可谓是“得物流者得天下”。在物流方面，聚美优品是这么做的：独辟蹊径， 2010 月 4 日在业界率先推出“买二包邮”，为用户带来实惠、大胆地将物流作为促销手段，且推出 30 天无条件退货、全程保障、100%正品的三大政策，树立行业标杆、 薄利多销、低价竞争，以物流的代价去占领市场，招揽顾客，扩大市场份额。

经了解，聚美优品有 6 小时闪电发货的口号，白天订单付款成功后六小时发出，最短两小时发货，所有订单不超过 12 小时。比其他商家的保证 48 小时、72 小时发货真的提前甚多。假如用户 00:00 付款，聚美优品采用电子商务界领先的 ERP 和 WNS 系统，订单付款后库房即刻开始处理；0:20，全仓 25 台进口行式打印机，每小时可最高打单 22500 单，精确高效；0:30，全面采用条形周转作业，全仓配备数百个手持终端，确保仓库工作人员在数万货品中迅速、准确地拣取商品；1:00，“条码校验+称重检查+人工”，三重校验，配货包装准确率高达 99.993%，大幅领先行业平均水平；1:30，出库，按笼车进行高频提货，直对快递公司，发货升降月台保证包裹不落地，第一时间出库；2:00，快递提货，主流快递驻守，快递公司每天 24 小时不间断提货。

聚美优品与合作商的合作模式增加到两种，一个是消费者从聚美优品下单，直接由品牌商向消费者送货；另一种则是品牌商供货给聚美优品，网站利用自己的物流配送给消费者。另外，聚美优品有自己的仓库与物流系统，已经和韵达、申通、圆通等第三方物流公司合作，目前聚美优品拥有自己的采购专家、仓储物流专业人士以及化妆品品质的专业鉴定人员。同时，聚美优品也升级了 ERP 系统，启用新的仓储和呼叫中心，以更多的后端资源来配合销售量增长，其核心城市自建物流计划也在设计之中。

随着聚美优品品牌授权旗舰店的全线提速与物流系统的深度优化，将进一步提高用户使用黏性和网购满意度，而其在美妆网购市场上的领先优势必将进一步扩大。

思考

（1）聚美优品主要采用哪种物流方式？这种方式对于聚美优品的发展有哪些影响？

（2）聚美优品是如何降低成本，扩大利润的？

（3）针对化妆品，聚美优品在仓储方面应如何做？

8.5 本章总结

伴随着信息技术发展和经济全球化背景而产生的电子商务，已经越来越多地被中国企业应用，显示出巨大的活力和潜力。由于企业销售范围的扩大，企业和商业销售方式及最终消费者购买方式的转变，使得送货上门等业务成为一项极为重要的服务业务，促使了物流行业的兴旺。然而，物流配送能否适应电子商务的需求，将直接影响电子商务的发展。同时，电子商务的发展也给物流配送带来巨大商机和需求，二者是一种互动的发展关系。

8.6 课外练习

1.阐述物流、商流和信息流的关系。

2.阐述电子商务物流系统的组成，结合案例说明。

3.阐述电子商务物流的特征和模式。

PART 9

第9章 电子商务企业创新案例

本章学习目标

- 了解企业创新的重要性
- 掌握电子商务企业创新的方法

9.1 基本知识点

1. 电子商务企业创新的内涵

电子商务企业的创新，广义上是指一切与经营、服务相关的创新行为活动；狭义上是指提供服务中的创新行为与活动，包括服务概念创新、顾客接触界面创新、服务传递系统创新和技术创新。企业在其运营创新管理过程中应综合考虑以上的四个维度，电子商务企业创新四维度的实用范围是电子商务运行机制过程中的基本创新方式。在实际电子商务企业服务管理中，创新可以贯穿整个企业经营活动，然而，由于电子商务企业经营具有很强的服务特点，使得人们对其业态的特点缺乏了解，没有真正感受它的魅力，大都认为是自然的事，在对于创新要求程度上就有些忽略。

2. 电子商务企业服务创新的策略

基于服务创新的四维度模型，电子商务企业服务创新的内容应该包括以下四个方面。

（1）不断推出新的服务概念，树立以消费者为导向的服务理念。电子商务企业提供的各项服务要最大限度地从消费者的需要考虑，以满足消费者的需求、提高消费者满意度为中心设计服务产品、提高效率、降低成本、改善服务质量，为消费者提供最大的服务效益，以服务获取竞争优势。

在进行新服务概念的创新之前，必须有详细的竞争对手和市场的分析与调查，否则创新的概念只能是空中楼阁，不可能实现或者不能达到预期的目标。对于企业来说，电子商务企业对网络营销、客户服务咨询、支付与配送、售后服务等各环节中任何一环进行微小的、与竞争对手有差异的服务创新都是不容易的。例如，保障网络交易的安全，消除电子商务交易存在的安全隐患，保证货物准确及时的到达，防止消费者经济损失。保护消费者的隐私，使消费者在购买商品时更加安全与放心，这也是电子商务企业服务创新必须考虑的问题。例如拉手网开通12315 绿色通道，对于电子商务企业诚信经营与创新是一个绝好的开始，满足了消费者与电子商务网站沟通上的需求，在消费者与经营者之间架起了信赖的桥梁。

（2）建立客户沟通的新平台。网站界面的设计要创新并完善客户沟通渠道。网站是电子商务企业的“脸面”，让用户更快速、更便捷地浏览电子商务网站提供的产品与信息，放心地完成交易，网站提供完备的订单系统，可轻松地实现多产品的相互比较以及快捷的搜索直达等，这些技术都能让消费者更好、更快地享受到网站提供的产品与服务；充分利用各种交互媒体与顾客之间进行畅通、快速、及时的沟通，有效地解决客户中存在的问题。除了利用传真、电话、邮件、QQ，还可以考虑用微博，微博无论在电子商务交易的营销推广还是客户服务阶段，都是一个很好的社交媒体，它能够帮助电子商务企业的业务抵达没有被发掘的、潜在客户的层面，并且和已经拥有的客户保持黏性联系。

电子商务企业必须要把传统的沟通渠道与网络渠道有机结合起来，及时获得顾客的反馈，并把这些客户信息存放在客户数据库中，利用这些信息进行客户关系管理，实现顾客自我服务和主动客户服务，不仅可以降低客户服务的费用，更能赢得顾客的信赖，提高顾客忠诚度。

（3）实现新的服务传递系统。电子商务企业服务传递系统的创新，主要是服务企业的内部组织安排，即通过合适的组织安排、管理和协调，确保企业员工有效地完成工作，并开发和提供创新服务产品。制定标准化、合理化的客户服务流程，譬如客户咨询服务流程、退换货流程、投诉处理流程、恶评／差评处理流程、紧急流程、破损商品补发流程等，这些流程的制定，必须站在客户立场制定，经过细致的部门调研，经有效性分析，设立具体的服务步骤和持续动态的服务流程。企业在变化、市场在变化、方针政策在变化、万物都在变化，因此流程不是固定的，是一种持续的、动态的客户服务流程。配置合理的客服团队。电子商务企业要实现服务创新，必须有一个高效合理的客服团队来完成。电子商务须经过部门组织架构设计和岗位设定这个客户服务团队，原则是永远依照运营部门的计划及实际运营情况作相应具体计划或即时变更。经常进行服务人才培训，对电子商务企业而言，员工的能力和素质直接影响企业的服务传递系统效果，导致电子商务企业新的服务传递系统必然要求企业在组织结构和员工管理上创新，使企业的组织结构和员工有能力适应新的产品和服务。服务创新的实现最终要靠企业员工，因此，电子商务企业可以通过培训，让企业员工了解并熟悉创新服务产品的基本业务流程和实施步骤，这才是电子商务企业服务创新实践的基本前提条件。

（4）将新技术应用到服务中。基于现代信息与通信技术（ICT）的服务，软件即服务 SAS（software as a service）、在线外包服务等是经济中增长最快的新服务，电子商务企业要利用技术创新提高自己的服务质量，比如制作出清晰明了、能吸引潜在顾客的销售网站，提供优良的客户咨询网站，移动电子商务的应用等。将可视化搜索技术应用于电子商务网站，可提供基于商品图片的搜索，帮消费者实现“按图索骥”，找到图片上的相关商品；提供站内相似商品关联展示和筛选。对于讲究风格、设计感的非标准化商品尤其适用，如服装、珠宝首饰。例如美国一家流行服饰在线销售网站，采用站内相似度优化后，EPC 数据上升了近 5 倍。应用云计算，通过在线租用方式在云平台上提供企业所需要的电子商务服务，大大降低电子商务企业获得电子商务 IT 能力的成本。随时按需从云平台上获得所需要的订单处理能力、客户分析能力、客户资料存储能力，以及网络带宽、各种端到端的 IT 服务，使得电子商务企业可以专注在提升品牌、控制质量、强化设计、增强用户体验、有效网络营销等最有价值的商业活动中；通过云平台，可以有效地集成电子商务企业的上下游企业，并在此基础之上进行电子商务业务模式的创新。

9.2 旅游电子商务的创新——以携程旅行网为例

中国旅游电子商务创新发展与国家宏观环境的进一步优化完善是离不开的。从发展环境来看，中国旅游电子商务在体制、法律、政策、支付条件、物流、信息化基础等方面都在逐步改善，随着旅游业成为国家战略性支柱产业，政府也把旅游业转型升级和信息化作为重要目标，旅游电子商务发展将获得更有利的宏观环境。“金旅工程”是国家信息网络系统的重要组成部分，是旅游部门参与国家旅游业信息化建设的重要基石。金旅工程 是覆盖全国旅游部门的国家—省—市—企业四级的计算机网络系统，建成后，将为提高旅游行业整体管理水平与运行效率、改进业务流程、重组行业资源等方面提供强有力的技术支持；同时，全面发展旅游电子商务，与国际接轨，为世界旅游电子商务市场提供服务。

新技术和服务方式已经给旅游行业带来革命性变化，产品和服务更加多样化，同时，伴随着信息技术日新月异，在线旅游企业也将持续利用新的技术和新的服务方式对旅游电子商务模式进行不断深化和扩展。例如作为业内领先企业的携程，在不断对业务进行扩张的同时，也开始对客户进行更为细致的分析，包括对商业智能（BI）进行深入研究，并进一步开发大规模菜单式的群分化服务。另外，以 SNS 模式为核心和基础的社区网站也开始出现在旅游电子商务领域。与旅游信息发布和机票、酒店等标准化产品预订不同，通过 Web 2.0 能够更为准确地了解旅游者的行为、兴趣、偏好，从而丰富旅游电子商务的运营方式和营销手段。2009 年以来，旅游与社区结合成为在线旅游服务商谈论的焦点，主流旅游电子商务企业如携程、艺龙、同程等纷纷推出酒店点评和问答频道，并加大对社区的改版。

在线旅游服务公司已充分认识到为客户量身定做全套的旅游服务正是网络旅游的利润所在，旅游网站将利用已有的市场优势和行业资源，提供丰富的自助旅游信息和为旅游者“量身订制”的个性化服务。例如，2009 年 6 月，携程旅行网依靠动态打包技术，推出“自由•机+酒店”产品，实现不同航班机票、酒店之间的自由组合。

未来十年，旅游业将进入大众消费阶段，将出现更多基于在线预订的旅游产品和服务，并对旅游业产生革命性影响。移动电子商务（M-Commerce）的应用正在快速兴起；城市多媒体终端开始广泛应用；互动数字手机电视（IDTV）将会逐步流行；语音电子商务（V-Commerce）的应用正在成熟。

以携程旅行网为代表的在线旅游服务企业异军突起，日渐成熟，并在预订服务模式、盈利模式、服务管理模式、营销模式四个方面实现了创新，为中国旅游电子商务的长期持续发展提供了重要参考。

未来，随着电子商务模式的不断提升，特别是动态打包起来，客户体验管理（CEM）、客户关系管理（CRM）等先进理念的应用，中国旅游电子商务将进入一个全新的发展阶段。

作为旅游行业的新趋势，旅游电子商务企业在市场份额不断扩大的同时，也用各种具有中国特色的创新举措，为中国旅游业向现代服务业转型做出了贡献。同时，由于中国国情的特殊性，中国的旅游电子商务也呈现独特的模式。以目前市场份额超过 50%的携程旅行网为例，其创新的历程可以代表中国旅游电子商务的演变轨迹。

1. 机票预订服务的创新

从 2000 年起，携程在酒店、机票预订方面采取了不少的创新举措。针对之前旅游产业存在信息不对称的情况，以携程为代表的旅游电子商务企业普遍开始利用先进的网络系统，试图解决这一问题。同时，电子机票的推出，加速了机票代理行业的分化，携程于 2002 年设计和开发了一个新的全国性的机票预订平台，解决了异地操作和配送管理的问题。随后，携程着手开发了“异地出票”模式，成为旅游电子商务的一个重要创新。特别是电子机票的全面推行，更让互联网和电话预订成为最为便捷的预订方式。

2. 度假旅游产品的创新

这方面的创新体现在以下三个方面。

第一，受到国际流行的自助旅游方式的影响，同时随着国人经济条件的日益改善，人们对休闲的需求日盛，加之交通、住宿等方面的紧张局面有所缓解，一些人也具备了一定的旅行经验，这一切都无疑为中国自助旅游的发展提供了客观条件。在此背景下，携程推出了自由行产品。作为一种时尚的旅游方式，携程自由行就是以“张扬个性、亲近自然、放松身心”为目标，完全自主选择和安排旅游活动，且没有全程导游陪同的一种旅游方式，开创了中国旅游市场的一种新模式。目前，携程已是国内自由行产品的最大服务提供商。

第二，依托技术优势和先进的系统，2005年携程旅行网在国内旅行行业内率先推出“海外游标准”，对旅行过程中的航班、用车、酒店、行程、餐食、娱乐、购物和导游等八方面做了极其详细的限定，对旅游行业规范化的提升做出了大胆尝试。

第三，2012年携程旅行网再次对现有团队游进行品质提升，推出了“透明团”产品，其中包括购物店信息事先披露，推荐自费项目提早公布，酒店住宿信息全公开，景点行程、游玩时间详细说明等相关内容，进一步体现了旅游电子商务的优势。

3. 酒店现付模式的创新

之前由于旅游电子商务盈利模式的不确定，导致大量旅游在线网站集中在资讯的提供上。而携程自从兼并、收购了机票、酒店的预订中心以后，其主要利润来自于预订宾馆、机票（每成交一笔，携程大概能从中获得3%～5%的佣金）。

2000年1月，携程旅行网在业内首创酒店预订“前台现付”模式。作为新型传播营销消费模式，通过前台现付，然后返还佣金，是携程对中国旅游电子商务的一个颠覆性的创新。在全球范围内，绝大多数的预订网站，如Travelocity还都是用预付的方式和酒店合作。携程推出“前台现付”这种全新酒店预订合作模式后，立刻受到了消费者和酒店方的欢迎。目前，这种模式已经成为国内在线酒店预订服务的主要模式。

4．服务管理的创新

在国外，许多在线旅游企业，例如全球最大的在线旅游公司Expedia，都主要采取在线预订。考虑到中国的互联网使用比例仍然偏低的实际情况，携程采取了以电话呼叫中心作为主要预定方式的服务体系。目前携程只有30%左右的预订来自网上，更多预订来自电话呼叫中心。目前携程旅行网拥有超过5000人的呼叫中心。围绕呼叫中心，携程通过先进的管理和控制体系，将服务过程分割成多个环节，以具体指标控制不同环节，并建立了一套测评体系，通过平衡计分卡、六西格玛体系等科学管理方法，为会员提供更加便捷和高效的服务。

5．信息提供的创新

旅游电子商务服务在很大程度上是一种虚拟产品，信息是否对称对其交易的成功具有决定性作用。这方面，携程对华裔给出了大量的旅游信息和商业报价，还给出了各产品的明确价格、优惠情况等，努力实现信息对称。同时，携程开设了酒店点评和目的地探索等功能，将旅游信息的整合提升到一个新的高度。2001年，携程在业内首创房态实时控制和推荐系统（E-Booking系统）。这个类似于GDS（全球分销系统）的酒店分销系统，不仅方便了酒店与携程之间的实时信息沟通，也让其操作成本大幅下降；不仅使在线旅游服务商的房态更加准确，而且使客户预订更便捷、更顺畅，也更容易得到客户的认同。

6．营销模式的创新

携程在营销模式上也引领着整个行业的发展。

第一，免费会员卡的发放。在发展初期，携程最为重要的营销策略并非依托网络，而是把免费派发会员卡这种终端拦截式的销售方式发挥到了极致。实际上，在携程之前，已经有多家订房中心通过会员卡进行市场推广，不过都实行收费制，而携程则尝试免费发放的方式。通过大规模派发携程卡，携程得以快速占领市场，聚拢更多的用户，获得更高的订房量和更多的佣金。可以说，发放携程会员卡这种被誉为“小米+步枪”的销售方式，成为日后取得成功的重要组成部分，也成为日后整个酒店预订行业通用的模式和旅游电子商务企业的重要营销方式。

第二，异业合作营销的开展。以携程为代表的旅游电子商务企业在市场合作方面日渐成熟，首次与航空公司合作，与分行合作推广联名卡，开行业先河；而招行携程旅行信用卡的推出，受到了广大客户们的青睐，发卡量在一年内就突破了60万张，两年内突破100万张，创造了当时国内联名信用卡发卡速度及成长速度最快的纪录；从个人信用卡到公务信用卡，携程在银行卡合作方面不断开拓与创新，在方便消费者的同时，也为旅游行业的异业合作树立了典范，成为在线旅游企业的重要合作模式。

9.3 腾讯的创新之路

腾讯公司获得授权专利数比肩于Google、Yahoo、AOL等国际互联网巨头。该公司获得授权专利总数突破400项，不仅遥遥领先于国内同行，也成为了全球互联网拥有专利数量最多的企业之一。任何科技行业的领导企业，最大的竞争力必然是创新能力。这种创新能力成就了企业的辉煌，也成就企业的未来。

许多人认为腾讯在网络应用方面很多都是“抄袭”的，但是腾讯开发出来的都很有吸引力，很多玩家都喜欢，这就是腾讯的能力。这就意味这和别人的不一样，也就是另一种创新。

1．QQ是如何战胜ICQ的

1996年，ICQ诞生，瞬间风靡全球，到1998年的时候，这款软件已经垄断了中国的即时通信市场。而在这一年，ICQ“嫁入豪门”，成为美国最大的互联网集团AOL公司的旗下资产，有钱有人气，地位不可撼动。然而，1999年，QQ推出，当时只有两个员工，也就是创始人马化腾和张志东，蜗居在深圳的一个民房里，埋首研发半年时间而成。这时候的QQ仍然很粗糙，但是中文界面使得QQ迅速引起了市场的关注。如果仅仅如此的话，QQ不可能获得后来的成功，因为这个时候市场上已经相继诞生了一批同类型的通信软件：PICQ、TICQ、GICQ、新浪寻呼、雅虎即时通等。QQ凭借以下一系列的创新技术，迅速在同类型软件中杀出重围。

首先，ICQ的全部信息存储于用户端，一旦用户换电脑登录，以往添加的好友就此消失，而QQ的用户资料存储于云服务器，在任何终端都可以登录聊天。

其次，ICQ只能在好友在线时才能聊天。QQ首创离线消息发送功能、隐身登录功能，可以随意选择聊天对象，可以有自己的个性化头像。

第三，ICQ通过给企业定制即时通信软件获利，而QQ坚持通过面向消费者的免费服务寻求商业化机会。

可以说，QQ之所以能成功，在于他是中国互联网史上第一家具有互联网思维的企业，他和ICQ的根本区别，在于互联网理念和软件理念的差别。

互联网理念打败软件理念，这就是如今最流行的观念，也是创新意识的体现。在15年前，马化腾就已经领悟到了。

市场永远是精明的，他只把回报奉献给用户体验最好的创新产品。到2000年的时候，QQ已经一统江湖，成为即时通信市场上的王者。

2．QQ 群是如何战胜聊天室的

在 QQ 崛起的年代，上网聊天室、新浪新闻、电子邮件。名头最响的有新浪、网易、碧海银沙等聊天室，最高峰的时候，网易聊天室的一个房间就有几万人同时在线。火爆网络的《第一次的亲密接触》的故事，就是发生在聊天室，多少人在网上做着偶遇“轻舞飞扬”的梦。然而腾讯的 QQ 创新地推出它的 QQ 群，可以查看聊天记录，可以自行定义好友名，可以修改群名片，将 QQ 从早期陌生人之间的关系，转变为真实的用户关系，从而最终导致了聊天室的没落，主要因素在于这种用户关系是陌生人之间的网络聚集，太不稳定，太过生疏。

这个时候，美国的 AOL 网络集团市值达到 1630 亿美元，站在巅峰时刻，旗下的 AIM 即时通信软件集成了 ICQ 的功能，也推出了聊天室的功能，并且拥有 2000 万的用户。

但是，AIM 软件和 AOL 聊天室的功能是分开的，这使得 AOL 聊天室只能成为陌生人的聊天工具，并且，使用这两个软件的服务，还是要收费的：登录 AOL 聊天室，每月要支付 19.95 美元的费用。

而美国的社交网站 Myspace 在 2003 年上线，Facebook 直到 2004 年才上线，比 2002 年推出的 QQ 群诞生晚了 1～2 年。可以说，世界上第一个获得商业成功的社交网络，不是 Facebook，而是腾讯的 QQ 群。

2002 年 8 月发布的 QQ 新版本，新增 QQ 群功能，好友手机绑定，摄像头绑定，手机通讯录保存在云服务器，手机资料中新增好友手机类别、品牌、型号等信息，这些功能，让 QQ 迅速转型成为真实的社交网络平台，而 QQ 号也成为了人们的网络身份证。

2003 年以后，QQ 推出 QQ 秀形象、群相册、群文件、QQ 空间等功能，不断深化满足了用户的潜在社交需求，使得其人气一直保持旺盛。为增强实用性和趣味性，2010 年，QQ 又推出群内任意组合的讨论组，赢取特权奖励的群成员签到等功能。

3．QQ TM 是如何战胜 MSN 的

MSN 于 1999 年开通即时通信服务，依靠微软的雄厚资本和 Windows 的操作系统平台绑定，到 2001 年的时候就已经打败了 AOL，成为世界上最大的即时通信平台。到 2003 年的时候，MSN 已经拥有 3 亿用户，在几乎所有的重要市场上成为第一，只差中国市场了。这一年，踌躇满志的 MSN 开始大规模进入中国市场，开始了与 QQ 的交锋。凭借免费绑定策略和高富帅的品牌形象，强大的 hotmail 邮箱和 MSN 新闻网站服务，很快就在商务通信市场上占有了一块地盘。此时的腾讯，形势岌岌可危：QQ 秀刚刚推出，还没实现盈利，人才匮乏，为了生存，不断卖身融资，40%的股份卖给了海外投资者，换回 200 万美元发工资，而国内的投资者，根本没有人愿意买。

2003 年，腾讯推出企业版 QQ TM，正面迎击 MSN。此后通过一系列的技术创新，完美细致的用户体验，一点一点地挽回了高端用户的心，主要创新点在：UDP 方式传送文件速度更快、文件断点续传、文件直接拖放窗口、共享文件夹、屏幕截图、好友分组、聊天记录备份和快速查询、短信互通、视频会议、网络硬盘、软键盘密码保护、个人名片、群上墙等。这一系列的技术创新，都是 QQ 首先推出的，而 MSN 却跟进很慢，忽然有一天，大家发现，白领们的工作沟通工具已经悄悄地又换回了 QQ，而 MSN 已经悄无声息地成为了无人关注的龙套。

4．QQ 游戏是如何战胜联众的

2003 年，联众是世界上最大的休闲游戏平台，创始人鲍岳桥是 UCDOS 的开发者，中国软件行业最早的技术牛人。在联众的最辉煌时刻，拥有 2 亿注册用户，月活跃用户 1500 万，最高同时在线人数 60 万，在中国、美国、日本、韩国架设有服务器，这样的规模貌似是不可动摇的。

2003年，QQ游戏推出第一个版本，拥有纸牌升级、四国军棋、象棋三个游戏。鲍岳桥上去玩了一下，觉得不过而而，于是决定将研发重心投入到新的开发项目"联众新世界"中去，原有系统不再更新。

2004年，联众"嫁入豪门"，成为韩国最大的网络游戏集团NHN旗下的子公司，大量的韩国网游资源可以移植过来，无论是产品、资金，还是人才，都是腾讯无法比拟的。而且这个时候，进入休闲游戏市场的不止是腾讯一家，还有网易、盛大、金山这些自主研发游戏的巨头们。但在这一年，QQ游戏逐渐后来居上，实现了对强者的超越，超越的逻辑有以下几方面。

（1）联众精力转向大型游戏市场，休闲棋牌游戏不再更新，一些BUG长期存在，导致老用户的流失。

（2）腾讯快速更新迭代，以更精美的界面、更人性化的操作细节取胜。例如在2005年的斗地主版本中，QQ可以自定义用户角色形象，侧边栏显示玩家历史战况，背景清爽。而联众角色形象定义要收费，否则就是个空白，背景丑陋，广告一堆，侧边栏是无关紧要的系统消息，毫无美感可言。又如操作人性化，QQ可以自动加入或自定义查找意气相投的网友，而这些都是免费的。而联众自动找座位功能要收费，否则就要自己去慢慢找，非常费劲，有时好不容易找到了位置却坐不下来，弹出提示说其他会员不愿意和自己玩（理由包括嫌级别低、网速慢、发牌慢）。而QQ没有这些阻碍，体现出了网络公平和网络友好，赢得了越来越多的用户。正是这些微创新，在细节上击败了联众游戏。

5．腾讯网游是如何战胜盛大的

2001年，盛大引入韩国网游传奇，火爆全国，正式建立了网络游戏的商业模式。

2002年，网易自主研发的大话西游二获得成功，2003年梦幻西游再次大受欢迎，从此成为自主研发网游领域的霸主。

2003年，腾讯也开始进军游戏市场，但是直到2007年为止，腾讯的大型游戏一直没有什么作为。

原因何在呢？不但腾讯没有作为，已经成为网游模式创立者的盛大，在此后几年引入了大量韩国大作，几乎全部折戟沉沙。这时的腾讯在反思，要使商业模式的创新带来游戏市场的成功，产品上如果没有任何改进，大量采取拿来主义，随着国内本土研发的进步和竞争的加剧，任何缺乏产品创新能力的企业都必将被市场淘汰。盛大如此，九城如此，早期在大型网游市场上的腾讯也是如此，即使它拥有火爆人气的社交网络平台。

2006年，韩国网游市场上枪战射击游戏开始兴起，"突袭OL"占据了主要的市场份额。据网络评测认为，此款游戏"真实的枪械数据、人体物理学向CS看齐、地图设计十分精美和优秀，并且《突袭OL》的每一张地图都具备了很强的可玩性。"这款游戏也很快被引入国内市场，只可惜并未能风光多久。在射击游戏市场上，占统治地位的还是CS这款老牌游戏，其优秀的操作体验，绝佳的平衡性，不是哪个随便进入的游戏能撼动的。

2007年，腾讯以极低的价钱从韩国一家不入流的小公司那里买来了CF穿越火线这款游戏。其开发者Smile Gate公司只是一家33个人的小公司，至今只制作出了CF一款游戏，研发实力有限，推出后在韩国一直不温不火，甚至在2012年停止了运营，退出市场。其实这一年的腾讯，已经通过QQ秀和棋牌游戏赚到了第一桶金，不但买回了CF，还买了英雄联盟、地下城与勇士等网游。

但是腾讯这一次意识到，不是有流量就有一切的，失败的产品在哪里都是个死。腾讯对买回来的大批泡菜游戏重新回炉打造，细致打磨。CF在经过一年的深度开发后，才推出市场。

CF 在 2008 年 3 月推出后，到 2010 年 2 月，两年的时间推出了 22 个版本，平均每个月推出一个新版本，多种多样的模式、角色、枪械，不断优化的操作体验，在道具收费模式下相对合理与平衡的体系，最终使它赢得了广大玩家的肯定。此后，腾讯自主开发或者引入的韩国网游大获成功，正是通过这种研发微创新的复制，2010 年，腾讯打败盛大，登顶网游市场第一的宝座。

从此，中国网游市场发生了巨大的格局变化：那些只会引入国外大作，没有创新能力的企业纷纷衰落，QQ 炫舞取代了劲舞团，QQ 飞车打败了跑跑卡丁车，进入巨人的出击战。另一方面，那些具有创新能力的自主研发网游企业，网易、畅游、巨人，越活越滋润。2009 年腾讯推出 QQ 西游，被网易打得满地找牙。

这充分说明了一个事实：腾讯网游的成功，是产品创新的成功，而那些相对平庸的作品，即使同样具有 QQ 这个平台的导流，照样要受到市场规律的无情嘲笑。

这个规律其实在腾讯身上继续并反复地上演着，如 QQ 浏览器、QQ 影音、SOSO 搜索、拍拍网购、易迅（腾讯旗下购物网站）、QQ 杀毒、财付通、SOSO 地图，因为只有模仿，缺乏创新，始终只能甘当市场的配角。QQ 邮箱在早期一直不温不火，直到将张小龙这个技术天才网罗帐下，才获得突飞猛进的成功。

6．微信的创新和未来

2010 年，移动互联网呼啸而来，腾讯在所有互联网巨头中第一个转身，大象的转身是如此的轻盈而迅速。从 2011 年 1 月微信推出到年底，微信在 1 年的时间里更新了 11 个版本，平均每个月迭代一个版本。1.0 版本仅有聊天功能，1.1 版本增加对手机通讯录的读取，1.2 版本打通腾讯微博，1.3 版本加入多人会话，2.0 版本加入语音对讲功能。直到这个时候，腾讯才完成了对竞争对手的模仿和追赶，开始创新之路。2.5 版本率先引入查看附近的人，正是这个功能的推出，实现了对主要对手米聊的技术创新和用户大爆炸式增长。3.0 版本率先加入漂流瓶和摇一摇功能，3.5 版本增加英文界面，全面进军海外市场。这个时候的国际市场上，日本的 LINE 同时崛起，并且更早一步开始了对东南亚的占领。而美国的社交巨头 Facebook 仍在梦中，Whats App 仍在延续着当年 ICQ 的软件思维，向用户收取服务费。时不我待，机不可失。4.0 版本率先推出相册和朋友圈功能，4.2 版本增加视频聊天插件，4.3 版本增加语音搜索功能，4.5 版本增加多人实时聊天、语音提醒和根据对方发来的位置进行导航的功能。微信的社交平台功能日趋完善，并且一步步向移动智能助手的角色发展。必须说明的是，在视频聊天和智能语音搜索上，微信比 LINE 更早了一步，产品体验开始领先（LINE 的成功更多是明星营销策略和商业化生态系统的搭建上，产品创新体验上并无优势）。5.0 版本添加了表情商店和游戏中心，扫一扫功能全新升级，可以扫街景、扫条码、扫二维码、扫单词翻译、扫封面，微信支付体系打通，一个移动商业帝国的框架已经基本搭建完毕。

从全球来看，LINE 的商业化无疑更早获得成功，国际化的脚步也更快，但是腾讯最擅长的从来就是后来居上——只要方向正确，专注创新，奇迹总会发生。

2013 年 4 月，海外用户突破 4000 万，8 月突破 1 亿，月均以超过 1500 万的速度滚雪球，按此速度，年底将突破 2 亿，明年将达到 4 亿，全球用户达到 10 亿量级。

7．腾讯的创新之道

腾讯的创新主要体现在以下几点。

（1）腾讯是世界上最早具有服务概念创新、顾客接触界面创新、服务传递系统创新和技术创新的四个维度创新思维的企业之一，正是这种思维创新让它区别于 ICQ 和 AOL，成为了世界上唯一获得大规模商业成功的即时通信企业。

（2）腾讯是世界上最早获得成功的真实社交网络平台，通过 QQ 和 QQ 群在 2002 年的创新式无缝连接，让它从陌生人社交转向了真实社交关系，摧毁了传统的聊天室商业模式，并在 QQ 秀上赚到第一桶金，这种转变在时间上比 Facebook 领先两年。

（3）最早执行快速迭代微创新的互联网企业之一，正是这种微创新能力让它击败了 MSN、联众、盛大等众多的互联网巨头，获得强大的盈利能力。平台导流只是让它放大了这种商业成功，否则无法解释腾讯旗下众多失败的副产品，譬如 SOSO 搜索等。

（4）腾讯是所有大象企业中敏捷性最强、最执着于创新的企业之一，这体现在微信的成功和在移动互联网时代的快速转型上。即使在全球来看，腾讯的转身也要早于美国的 Facebook，仅仅慢于谷歌。

截至 2013 年第一季度，腾讯拥有 25000 名员工，其中超过一半是研发人员，累计申请专利 700 项，获准 400 项，全球互联网企业中仅次于谷歌和雅虎。这就是腾讯的创新底蕴。腾讯的创新是大创新与微创新的结合。表面上看来是微创新，其实是大创新，主要体现在社交平台领域，比如 QQ 与 ICQ、QQ 群与聊天室、微信与米聊、What's App，看起来表面上很像，其实本质上是完全不一样的，其开发理念有着本质的不同，没有这些本质上的体验区别，腾讯不可能在今天获得社交网络战争的完胜。

9.4 大众点评网的成功转型

大众点评网是中国最大的本地搜索和城市消费门户网站（见图 9-1），也是国内最典型的 Web 2.0 网站之一，于 2003 年 4 月成立于上海，是中国领先的城市生活消费指南网站，也是全球最早建立的独立第三方消费点评网站之一。大众点评网作为第三方点评网站，无疑是在电子商务业界中最成功的网站之一。网站覆盖上海、北京、广州等全国 30 多个主要城市，首创并领导了消费者点评模式，以餐饮为切入点，全面覆盖购物、休闲娱乐、生活服务、活动优惠等城市消费领域。大众点评网作为中国互联网的一个神话，从 2003 年创业之初就开始了它的传奇发展。它的成功更是得力于其准确的市场定位，以及前瞻性的远见。大众点评网在第三方点评模式萌芽阶段就商业化地切入，并且踏实地做着自己力所能及的事情。我们从分析其经营理念和盈利模式等可以从获得一些有用的启发。

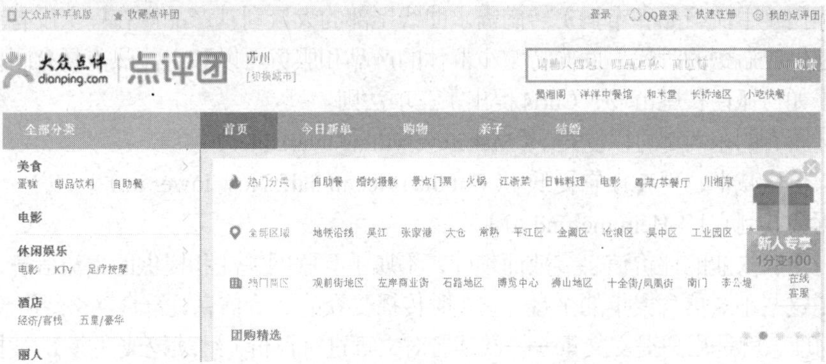

图 9-1 大众点评网首页

当地的哪个餐馆服务最好？口味最佳？曾几何时，人们对于这些实用性信息的需求大多通过浏览市民类报纸、传统网站的美食健康页面来满足；而如今，更多的人通过查询大众点评网等第三方点评类网站（网页内容源于受众对各种产品的体验式评论）来获取自己所需要的信息。

大众点评网自张涛 2003 年创办以来，在 5 年的时间里，从上海覆盖到全国 309 个大中小型城市，从餐饮业发展到囊括休闲、住宿等各种门类的生活资讯，获得了美国最大风险投资机构红杉资本千万美元的投资，发展成为全国最大的生活消费指南网站。与之类似的是侧重于影视、书籍类信息点评的豆瓣网的成功，这都昭示着注意力经济 2.0 时代下第三方点评类网站的崛起。

大众点评网作为第三方点评网站，它传播的信息主要是网民对于商家产品服务体验式的评论，最重要的主流点评内容聚焦在餐饮业。相比之下，传统网站提供的生活服务类信息，多是由编辑、记者精心编排，针对性较强，并且有建议、生活贴士等延伸信息。大众点评网的内容没有编者人为策划的痕迹，全面性、权威性不及传统网站。既然大众点评网在内容上存在劣势，何以能成为万千食客搜索餐饮信息的重要工具？可见“内容为王”的媒体决胜策略，在注意力经济 2.0 时代已经受到了挑战。大众点评网的成功在于以长尾理论为指导，成功运用渠道为王战略，为分散的评价信息提供了聚合的平台，方便受众顺利获取所需信息。

1．渠道聚合理念——注意力经济 2.0 时代的成功范式

互联网经济在某种程度上是注意力稀缺经济，即信息是无限的，而注意力是有限的，在信息爆炸的时代锁定有限的注意力往往能创造出巨大的商业价值。媒体通过创新内容、更新形式来吸引受众的注意力，被称为注意力经济 1.0 的操作手法。注意力经济 2.0 的革新在于受众夺回了自主选择权，自己根据需要去选择相应的信息，这对于受众最主要的意义在于减少决策成本。姜奇平提出“基于意义的注意力经济，对于厂商来说，不再意味着用广告式推销来消除消费者的选择，相反意味着要通过对话中的意义挖掘、接近用户，使用户将注意力真正集中在自己的需求上。”

如何聚焦受众的注意力，这是媒体竞争的制胜法宝。“谁控制了渠道，谁就控制了天下”，渠道在注意力稀缺的互联网经济中尤为重要。施拉姆提出：“人们对于信息的选择率等于信息的报偿率与获得信息的难度之商”，控制渠道等于缩小这个经典传播公式的分母，从而聚焦人们对于信息的注意力。

大众点评网对于渠道战略的创新之处在于，采用长尾理论的操作手法，有效地聚焦受众的注意力，为受众提供了自主选择餐饮评价信息的渠道。

长尾理论是新经济时代的重要营销理念，其中心观点在于，只要存储和流通的渠道足够大，需求不高或销量不佳的产品共同占据的市场份额，就可以和那些数量不多的热卖品所占据的市场份额相匹敌，甚至更大。当今时代，我们的文化和经济重心正在加速转移，从需求曲线头部的少数大热门（主流产品和市场）转向需求曲线尾部的大量利基产品。在一个没有货架空间的限制和其他供应瓶颈的时代，面向特定小群体的产品和服务可以和主流热点具有同样的经济吸引力。对于如何抓住长尾市场，Chris 提出了三项法则。

（1）让所有的东西都可以获得。（Make everything available.）

（2）将价格减半，现在让它更低。（Cut the price in half. Now lower it.）

（3）帮我找到它！（Help me find it!）

受众对于餐饮业的评价信息零散而琐碎，不属于互联网关注和提供的主流信息，而大众点评网提供了这些小众信息聚集的平台。它实时传播受众的评价信息，符合网络经济新颖的 Digg 技术，它的理念就是用户提交文章——阅读者对文章进行评价（继续挖或埋葬），被挖得最多的文章会被顶得越高。Digg 思想是以“民主”投票输出信息，而提交者（Digger）是希望提交的内容被广泛地传播。

大众点评网提供的所有信息服务都是免费的，并且提供餐饮优惠券等附加服务，通过一系列关键词对评价内容进行编排，使受众能够更方便地检索到自己所需的信息，采用 Chris 提出的抓住长尾市场的操作手法，实现了商业意义上的成功。大众点评网采取关键字搜索的模式，使网民掌握了发布信息的权利，他们自发采编信息，并且由网络技术客观地按照多数人的喜好决定议程设置，这种逆向传播模式代表了新媒体的精神，即所有人都是传播者。

2．赢利渠道——精准广告与会员制

以大众点评网为代表的“点评模式”，所有信息采集与更新都由有实际消费体验的网民上传提供，网站方面只需做一些信息筛选、整理等工作。“点评模式”需要较长时期的用户、访问量积累，起点较高，进入难度很大。不过“点评模式”一旦跨越人气凝聚的坎儿，则无须大量人力物力投入，网民就会自发生成网站所需要的信息。第三方点评的内容聚合本身是一种“分众”的内容，这样的内容依附到不同的媒介载体上就成为不同类型的“分众媒体”。所以，第三方点评具有发展成为好的分众媒体的先天气质，好的分众媒体具有吸纳广告的能力。

对于任何一个商业类网站来说，盈利都是其运营的重要目标。大众点评网的立身之本在于独立性与公正性，受众通过大众点评网搜索信息主要是缘于对其传播信息（无论是网民的点评还是由数据自动生成的餐饮榜）的信任。因此，大众点评网出于对独立性的坚守，没有贸然引入如 Banner 广告等形式的传统网络广告。

大众点评网的广告模式是精准广告，为商户开展关键字搜索、电子优惠券、客户关系管理等多种营销推广。大众点评网的关键字搜索类似于 Google 和百度，输入关键词，会有相关的商家信息出现，在此类搜索热词附近，大众点评网推出竞价排名，并向消费者明确指出这是广告。这类广告模式，并没有给用户的体验效果带来直接的负面影响，反而成为满足用户需求的针对性信息，拓宽了网站的营业收入渠道。

大众点评网的第二个盈利模式是会员制，与商户签订合作协议。任何人都可以注册成为大众点评网的会员，免费申请积分卡。会员凭积分卡到餐馆用餐可享受优惠并获积分，可折算现金、礼品或折扣。大众点评网凭借其渠道平台的优势，向餐馆收取佣金，以积分形式返还给会员一部分后，剩下部分就是网站收入。

另外，它整合了电子商务模式，提供网上订餐服务，这也是其营业收入来源之一，大众点评网可以凭借为会员提供订餐服务，向餐馆、饭店收取相关费用。

3．大众点评手机客户端的应用

2011 年 12 底，中国手机网民规模达到 3.56 亿，同比增长 17.5%，手机网民用户更加集中在年轻群体，20—29 岁人群占比达到 36.0%，比整体网民中这一年龄段占比高出超过 6 个百分点。然而 30—39 岁人群比例在 2011 年有明显上升，显示出手机网民年龄的成熟化趋势。如图 9-2 所示。2011 年，大众点评手机客户端（见图 9-3）独立用户数从 2011 年开始呈爆发式增长，截至 8 月已经突破千万，是去年同期的近 20 倍，目前，每月的手机客户端独立用户数仍呈几何级增长速度。在 2011 年第四季度，大众点评手机流量占网页流量的 80%，手机客户端独立用户数已超过 1800 万，较去年同期增长 10 倍。

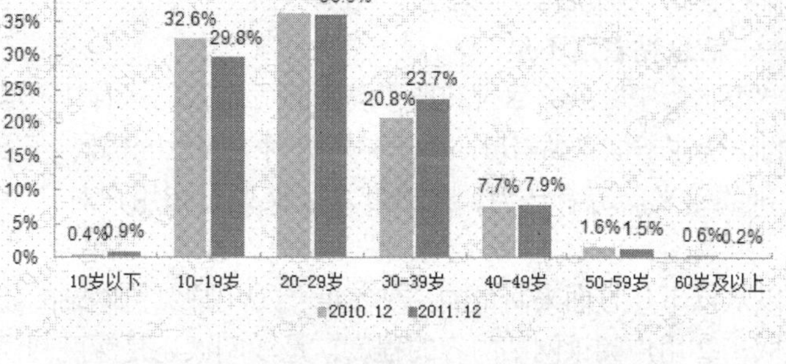

图 9-2　2010.12—2011.12 手机网民年龄结构

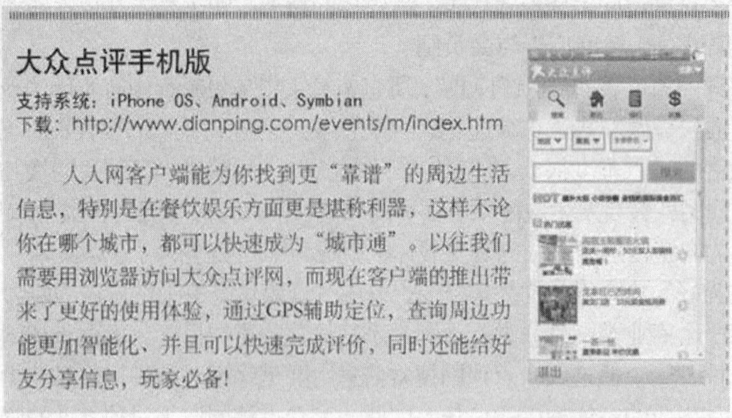

图 9-3　大众点评手机版

大众点评网手机客户端提供的一站式 LBS（Location Based Service）服务，是 2011 年 4 月左右推出的签到功能，通过地理位置的定位，让网友可以随时随地查询餐饮、购物、休闲娱乐以及生活服务等城市商户信息，同时还能下载商家提供的电子优惠券、查看消费者点评、购买大众点评团团购以及通过手机签到获取商家优惠。其内容网站与手机端同步，现已覆盖全国近 2300 多个城市及 120 万家商户，拥有近 2000 多万份消费者点评，手机独立用户数超过 1000 万。大众点评网手机客户端拥有了一项全新的功能——“签到等位”，该功能让更多人不用到店就能知道某个时间段内商家的排队情况，“无人排队”“5 人以下排队”“6 ~ 10 人排队”等相关信息都可以实时获得。其主要功能如下。

（1）查询全国大中城市的美食、休闲娱乐、酒店等商户信息；

（2）查询千万用户的推荐菜、商家点评等信息；

（3）北京、上海等多个城市的优惠券免费下载；

（4）随时随地抢购超值团购券，享受城市精品生活；

（5）签到功能、记录足迹，分享生活经验。

2012 年 1 月 31 日，大众点评网 V4.7 更新上线，以其如下的功能征服大众。

（1）全新个人中心，团购、收藏、点评、图片、签到一览无余，方便管理；

（2）新增附近点评，看点评发现附近靠谱商户；

（3）新增上传队列，上传商户图片更快、更流畅；

（4）设置手动上传，图片自动进队列，可在 Wi-Fi 下批量上传，节省流量；

（5）支持新浪微博等第三方账号登录，登录更方便；

（6）新增多种排行榜，吃喝玩乐全面覆盖。

4．渠道隐忧——信息黏着度不足

大众点评网的“渠道为王”战略尽管获取了巨大的成功，仍然有其不尽完美之处。大众点评网“渠道战略”的隐忧在于信息黏着度。关于黏着度对于网站的价值，已经被人们广泛认可，但是目前还没有精确的定义。笔者认为，黏着度具体来说是指用户对某一网站的依赖度、忠诚度。

一般来说，可以从以下几方面来衡量网站黏着度：①用户浏览网站的频率，需要的信息是否经常从该网站获取；②用户阅读网站内容的程度，是浅阅读还是深度阅读；③用户与网站之间或用户与用户之间的互动性程度，如用户是否会主动对网站内容做点评、留言等；④用户与网站建立起品牌认可，潜移默化地推广和宣传网站，并以该网站为品牌追随者。通常一个网站的用户黏着度越高，其商业价值也就越高。

自创建以来，大众点评网的内容集中在用户的评价信息上，由于其前期的渠道聚合，使该网站在提供生活类信息上有着信息广度（即美誉度）的优势。为了获取详细的商家信息，做出相应的消费决策，网民对其信息的阅读方式往往比较深入并参考相关信息。但是，用户评价信息的易复制性，使大众点评网很容易被别的竞争对手网站获取数据库评价资源，从而失去对受众的黏着度。例如，2008 年 4 月，大众点评网向北京市海淀区人民法院提出诉讼，认为爱帮网在生活搜索结果中引用其网站中对餐饮商户的简介与网友点评内容，侵犯了其版权，要求爱帮网撤下相关网页。该案被称为“国内生活搜索引擎第一案”“技术的进步是无止境的，但技术不能被无限制地随意使用。”该案判决书给出的或许是个“糟糕的理由”。

该案引起了业界的广泛关注，酷讯、大旗、奇虎、RSS 等做内容聚合的第三方应用网站都可能成为被告。未来，这一连串的诉讼风暴可能还会波及著名的搜索引擎谷歌、百度。无论此次诉讼结果如何，牵扯其中的 Web 2.0 网站都将因其两面的态度遭到质疑：对创造内容的用户高喊要分享，对分享其内容的搜索引擎闭关保守。虽然该案以大众点评网的一审胜诉暂告一段落，爱帮网被判停止使用源自大众点评网的内容，并支付经济损失及相关诉讼费用。但是，网站通过法律手段维护版权所耗费的时间、经济成本无疑是非常巨大的，如果不能从技术上对网站的信息妥善地实施保护，那么前期通过“渠道为王”战略所积累的优势将很容易被竞争者所利用。

大众点评网从三个方面入手增强用户黏着度，第一是提高资讯服务的质量，大众点评网可以在提供餐饮评价信息上分类更为细致，更加考虑受众的需求，使检索更为方便快捷；也可以借鉴传统网站的操作手法，根据时令季节推出相应饮食专题，比如秋季进补、健康保养等延伸信息，使受众关于餐饮的信息需求尽可能都得到满足。第二是提供更多种类的服务，大众点评网应当尽可能多地利用其已有的影响力，关注受众在化妆品、汽车等领域的消费信息需求，尽可能长久、多主题地聚焦他们的注意力。第三是有计划地组织一系列激发受众参与发布信息的活动，这样既可以使网站本身的内容得以充实，也可以培养受众的媒体忠诚度，使他们潜移默化地长期使用推广网站。

大众点评网近日完成了其成立以来规模最大的一次改版，新增了休闲娱乐、购物、丽人、结婚、亲子、酒店等 7 个频道，全面向城市生活网站转型。从其新改版的大众点评网上海站可以看到，原来首页只是美食内容的版面，换成了“上海生活指南”的导航语，下面分列了美食、休闲娱乐、购物、丽人、结婚、亲子、运动健身、汽车、酒店等 9 个频道。首页的排行榜，热门分类、热门搜索、精彩点评内容也由原来的美食内容变为了 9 个频道的相关内容。与此同时，其运营 3 年来的社区内容也在首页以热门部落的形式有所展现。据该网站相关人士介绍，大众点评网此次改版，目前只是其总部所在地的上海站，其他如北京等重点城市将在以后陆续完成改版。大众点评网 CEO 张涛表示，此次改版是在广大消费者的强力推动下进行的，希望通过这次改版为人们在城市生活消费的更多方面提供便利、经济、实用的消费指南服务。据张涛介绍，大众点评网的主要业务就是为生活服务商户提供精准的网络广告，原来以餐饮商户合作居多，近一年中，非餐饮商户的合作发展非常迅速。

9.5 拓展案例

中国民营电子商务企业——易达商城的创新分析

2012 年年底，淘宝网成功上线淘宝电器城。在此之前，包括淘宝商城在内的一系列大动作无不显示出马云的雄心勃勃。中国的电子商务始于 20 世纪 90 年代末，当时有不少传统渠道纷纷试水电子商务，也有不少家电企业开拓了自有品牌的网上销售渠道。然而，二十多年过去了，在中国，B2C 形式的家电产品网上销售发展却参差不齐。到目前为止，真正成活下来的 3C 类电子商城，除京东商城、新蛋网、易迅等依靠风投支撑的传统行业巨头之外，真正依靠企业自身定位、创新思维等软实力的寥寥无几。如何在危机四伏的 B2C 市场上占得一席之地，成为电子商务领域里新的佼佼者？国内最大的网络创新产品经销商城，隐隐与京东商城、新蛋网形成三国鼎立之势的易达商城在创新中前行，如图 9-4 所示。

图 9-4　易达商城首页

从易达商城首页主推产品不难看出，易达商城目前销售的产品包括：数字电视、电脑产品、手机、生活家电等在内的创新型产品，而供应商不仅有联想、创维、海信、TCL、夏普、索尼、长虹、德国摩尔等知名品牌商家，也包括了观鱼、数帅、数创等非知名企业。易达商城总裁张世杰说："我们的商城定位很明确，就是做国内最专业的网络创新产品销售平台。"购物商城要想得到发展，首先必须赢得市场；要赢得市场，就必须有实力。实力就是我们的核心竞争力。而核心竞争力则源于我们的自主创新能力，源于拥有超越于国内外同行的优势产品和优质服务。

早在易达商城创立伊始，公司就把坚持走创新之路、抢占市场制高点作为公司的长远发展战略，并将这一战略目标始终贯穿于产品选择、客户体验与售后服务的全过程，形成了具有易达特色的企业文化和发展模式。

1．产品选择的创新

易达网上商城创新源于对市场的精准分析和把握。国泰君安的一份研究报告显示，目前全国家电类网上商城已超过 1000 家。我们浏览了多家购物网站，发现大部分网站所售商品几乎没有差别。以笔记本为例来说，目前市面上比较流行的联想、索尼、惠普、三星等品牌笔记本，几乎在各个购物网站均有上架，而且包括产品介绍、产品价格在内的基本信息也大致相同。比如在易达商城看到标价为 6599 元的联想 Y550 A-PSE（F）（灰）Windows7 版大学生特惠笔记本，在京东商城与新蛋中国也同样上架了该款产品。

相反，一些受众相对较小但又很实用的创新产品却几乎在网上找不到。一方面因为这类产品的市场并不成熟，让不少网站由于销量的缘故望而却步，另一方面，价位低导致利润低也是其他网站不愿涉足此类产品的原因。2013 年在易达商城上热卖的网络下载移动硬盘，在京东商城、新蛋网等多家 B2C 网站上均寻不到踪迹。这是易达商城产品创新的一个例证。

易达商城在产品选择上，始终秉承最开始的定位：做最专业的数码创新产品网上购物商城，将主要精力集中在网络创新产品上。网络下载移动硬盘、观鱼超薄笔记本、优盘氧立方、车载森林氧吧等贴近生活，价格低且实用性强的产品全都在易达商城的选择范围之内，事实上，这些产品也得到了广大网民的喜爱和追捧。

2．支付方式的创新

易达商城除了在产品选择上坚持以网络创新产品为主，在“支付、积分、售后服务”等网民比较关心的问题上也颇费了一些心思。同京东商城、新蛋网等传统网购平台一样，在支付方式上，易达商城同样支持支付宝、银行转账、邮局汇款、货到付款等常规支付模式。不同于他们的是，易达商城开发出独立的程序，支持使用其他更高级别会员编号（每个会员的会员编号唯一）进行购买活动。易达商城根据购物积分的积累，会员级别分为注册会员、铁牌会员、铜牌会员、银牌会员、金牌会员、钻石会员等不同等级。越高级别的会员可享受的商品折扣及商城服务就越多。在易达商城上，即使是刚注册的新会员，也可享受钻石会员的待遇，只需要在百度上搜索到某个钻石会员的编号，在订单页面填入并验证可用即可。低级别会员享受折扣待遇，高级别会员在没有任何损失的情况下轻松获取购物积分（易达商城的积分可通过一定比率进行兑现，兑换所得现金将直接返还到用户提供的银行卡上），易达商城的这一创新举动可谓同时方便了各层次消费者。

3．仓储物流的创新

易达商城的仓储物流系统绝对不逊于京东和新蛋。易达商城在北京、上海、广州、武汉、成都、西安、沈阳、重庆、杭州、合肥、济南、天津等二十多个城市设有经销中心。客户在易达商城上的订单，会由工作人员根据收货地址选择较近的经销中心进行配货送货服务，基本保证能让客户在最短的时间内收到所购买的商品。另外，还有部分商品，易达商城选择从厂家直接发货。这样做一方面减少了易达的运营成本，将更多的实惠让利给消费者，另一方面，产品的质量也得到了有力保证，厂家直接开具的发票让消费者心里更踏实。

4．售后服务的创新

易达商城在售后服务方面也同样寻求新的突破。易达商城上所有的商品均享受全国联保服务，并且不少商品在一定的时间内均可享受退换货服务，甚至有的产品最长退货时间达到 180 天。这在国内外 B2C 购物网站中都是很少见的，甚至可以说是易达商城独有的让利于消费者的服务。

易达商城总裁张世杰先生说，我们的网购行业发展迅速，去年单 3C 类产品在网络渠道的销售额已超过 600 亿。很多人意识到电子商务是块大蛋糕，但如何分享这块蛋糕，却没有更好的方法，循着前人的路走无疑最简单、最省力，但也最容易做死。易达商城在创立之初率先在产品选择、产品质量以及售后服务上进行创新改变，虽坎坷却也取得了一些成绩。我们相信，只要继续坚持以消费者为核心，坚持走创新之路，易达商城必能取得更大的成功。

思考

易达商城如何坚持创新路线？

9.6 本章总结

创新是电子商务企业健康发展的活力源泉。我国电子商务已进入密集创新和全面创新的新阶段，虽然与欧美等发达国家还有较大差距，无论是商业模式，还是服务内容上，表面上轰轰烈烈、热热闹闹，但真正能够实现引领、颠覆性的创新并不多。电子商务企业要真正从服务概念创新、顾客接触界面创新、服务传递系统创新和技术创新这四个维度出发，寻找创新点。在当前电子商务行业快速发展、结构剧烈调整的阶段，电子商务企业应始终把“创新”作为发展主题和活力之源，一方面要通过创新实现新的价值，另一方面要尽量避免陷入“一哄而上”“一哄而散”的尴尬局面，避免重蹈团购网、线上打车服务等“风光一时”的覆辙。电子商务企业的创新要尊重行业发展规律，密切关注新的发展动向，从电子商务发展的大趋势中寻找转型创新的新途径。

坚持把技术支撑、技术驱动作为电子商务企业发展的成长之基。电子商务的发展有赖于信息技术的进步与应用，展望未来的技术发展，对电子商务企业将产生深刻影响的主要是移动互联网和大数据，它们会影响电子商务企业发展的各个层面，包括发展战略、服务理念、商业模式、营销手段等；移动设备的普及和大数据的分析与运用亦使得传统服务业转向电子商务有了更大可能，旅游电子商务如携程网、互联网金融如余额宝等已经有了较大发展，未来的金融、旅游、餐饮、教育等各个行业将会与电子商务进一步融合。对于制造业而言，电子商务的发展也将对它们的商业模式带来很大变化，以销定产、个性化需求已是大势所趋，F2C、C2B、O2O、P2P 等模式将会大行其道。未来的 F2C 模式将使工厂与消费者直接通过电子商务平台对接，消除生产厂商与消费者之间的诸多中间环节，通过厂家直销实现生产厂商与消费者的共赢；而 C2B 也可由消费者通过互联网向企业提供设计、服务乃至商品，如消费者参与定制的海尔“统帅”冰箱在过去的一年里已经实现量产。“以创新驱动发展”，中国电子商务的发展一定能够迎来更加美好、更加辉煌的明天。

9.7 课外练习

1. 电子商务企业的创新表现在哪些方面？
2. 从网上搜索本地有代表性的美食网站，并总结其创新之处。
3. 从腾讯公司的创新案例中，你得到了什么样的体会？

PART 10

第 10 章 互联网金融案例

本章学习目标

- 了解互联网金融的定义、优势、适合的企业类型、对企业产生的影响
- 掌握企业开展互联网金融的基本流程
- 能够尝试运行互联网金融业务

10.1 基本知识点

1．互联网金融的定义

互联网金融的英文名称是 Internet of Finance，简称 IOF。互联网金融是指以互联网为服务平台进行的一切金融活动，如线上支付、线上资金筹集以及线上理财等金融服务。整个金融活动的开展、进行和完成均是以互联网为依托，有效突破了传统金融在时间、地域上的限制，解决信息不对称的问题，使资源配置更加方便、快捷、透明、有效。互联网金融是依托于支付、云计算、社交网络以及搜索引擎等互联网工具，实现资金融通、支付和信息中介等业务的一种新兴金融。互联网金融不是互联网和金融业的简单结合，而是在实现安全、移动等网络技术水平上，被用户熟悉并接受后（尤其是对电子商务的接受），为适应新的融投资需求而产生的新模式及新业务，是传统金融行业与互联网有机结合的新兴领域。互联网金融与传统金融的区别不仅仅在于金融业务所采用的媒介不同，更重要的在于金融参与者深谙互联网的“开放、平等、协作、分享”之精髓，通过互联网、移动互联网等工具，使得传统金融业务具备透明度更强、参与度更高、协作性更好、中间成本更低、操作上更便捷等一系列特征。理论上任何涉及广义金融的互联网应用，都应该是互联网金融，包括第三方支付、在线理财产品的销售、信用评价审核、金融中介、金融电子商务等模式。互联网金融的发展经历了网上银行、第三方支付、个人贷款、企业融资等多阶段，并且越来越在融通资金、资金供需双方的匹配等方面深入传统金融业务的核心。

2．互联网金融的整体格局及模式

当前互联网金融的格局由传统金融机构和非金融机构组成。传统金融机构主要是传统金融业务进行互联网创新以及电子商务化创新等的平台，非金融机构则主要是指利用互联网技术进行金融运作的电子商务企业进行 P2P 模式的网络借贷平台、阿里模式的网络投资平台，挖财类的手机理财 APP，以及第三方支付平台等。互联网金融的投融资模式从余额宝开始就备受关注，目前已经有京东的“小金库”、百度的“百发”、腾讯的“理财通” 等多款知名的互联网金融产品陆续上线，同时，新浪微博也推出金融超市“微财富”，网易联合汇添富基金、国华华瑞 3 号推出的“网易理财”，苏宁联合广发基金、汇添富基金推出的“零钱宝”等。而其他中小型公

司推出的以“××宝”命名的互联网金融产品更是多达 10 多种，不少人也开始尝试这种新型的理财方式。

当前中国主要的互联网金融模式有四种。第一种模式是传统的金融借助互联网渠道为大家提供服务。这个是大家熟悉的网银。互联网在其中发挥的作用应该是渠道的作用。第二种模式，类似阿里金融，由于它具有电子商务平台，为它提供的信贷服务创造了优于其他放贷人的条件。互联网在里边发挥的作用是依据大数据收集和分析进而得到信用支持。第三种模式，是大家经常谈到的 P2P 模式，这种模式更多地提供了中介服务,这种中介把资金出借方、需求方结合在一起。发展至今由 P2P 的概念已经衍生出了很多模式。第四种模式，通过交互式营销，借助互联网手段，把传统理财渠道和网络支付渠道紧密结合，调整金融业与其他金融机构的关系，共建开放共享的互联网金融投融资平台。由于此模式发展时间较短，都是以发展良好的基金为融合点，例如以阿里巴巴的支付宝为主的将支付系统账户中的余额既随时用于消费、转账等支出，还能享受由某一基金提供的货币基金投资收益，获得增值。

中国网络借贷平台已经超过 2000 家，平台的模式各有不同，归纳起来主要有以下四类。①担保机构担保交易模式，这也是相对安全的 P2P 模式。此类平台作为中介，平台不吸储，不放贷，只提供金融信息服务，由合作的小贷公司和担保机构提供双重担保。此模式首先在创富贷平台创立，由创富贷与中安信业共同推出产品“机构担保标”。此类平台的交易模式多为 1 对多，即一笔借款需求由多个投资人投资。此种模式的优势是可以保证投资人的资金安全，中安信业、证大速贷、金融联等中国大型担保机构均介入到此模式中。②大型金融集团推出的互联网服务平台。上海陆家嘴国际金融资产交易市场股份有限公司（简称陆金所）采用的是 1 对 1 模式，1 笔借款只有 1 个投资人，需要投资人自行在网上操作投资，而且投资期限为 1～3 年。③以交易参数为基点，结合 O2O（Online to Offline，将线下商务的机会与互联网结合）的综合交易模式。例如阿里小额贷款为电子商务加入授信审核体系，对贷款信息进行整合处理。这种小贷模式创建的 P2P 小额贷款业务凭借其客户资源、电子商务交易数据及产品结构占得优势，其线下成立的两家小额贷款公司对其平台客户进行服务。线下商务的机会与互联网结合在了一起，让互联网成为线下交易的前台。④以 P2P 网贷模式为代表的创新理财方式，P2P 的借款人主体是个人，以信用借款为主，在借款来源一端被严格限制为有着良好实体经营、能提供固定资产抵押的有借款需求的中小微企业。依托搭建的线下多金融担保体系，从结构上彻底解决了 P2P 模式中的固有矛盾，让安全保障更实际且更有力度。

3. 互联网金融模式适合的企业类型

互联网金融是互联网与金融的结合，在结合的过程中创新了许多商业模式，比如众筹模式、网上点对点贷款的 P2P 模式、与电子商务企业合作的货币基金销售模式，当然也有传统金融机构向互联网金融转型的模式。这些模式与之相适应的企业归纳起来如表 10-1 所示。

表 10-1　互联网金融模式适合的企业类型

企业业务类型	包含内容	行业特点	企业举例
资金筹集	众筹	创意类项目的发起者，通过在线平台向投资者筹集资金	大家投
	P2P 网贷	个人或个体商户基于互联网平台进行贷款	人人贷
	电子商务小贷	电子商务企业利用平台积累的企业数据完成小额贷款需求的信用审核并放贷	阿里小贷

续表

企业业务类型	包含内容	行业特点	企业举例
资金融通	银行业互联网化	利用互联网平台发展银行理财业务	招商银行 工商银行
	证券业互联网化	利用互联网平台发展证券业务	国泰君安 海通证券
	基金业互联网化	利用互联网平台发展基金业务	天弘基金 嘉实基金
	保险业互联网化	利用互联网平台发展保险业务	众安在线 平安保险
货币支付	第三方支付	独立于商户和银行的在线支付和结算平台	阿里支付宝 腾讯财付通 快钱
货币发行	虚拟货币	通过计算机技术生成的非实体货币——比特币	BTC China

10.2 余额宝的发展探讨

中国金融业的改革是全球瞩目的大事，尤其是利率市场化、汇率市场化和金融管制的放松。而全球主要经济体每一次重要的体制变革，往往伴随着重大的金融创新。中国的金融改革，正值互联网金融潮流兴起，在传统金融部门和互联网金融的推动下，中国的金融效率、交易结构，甚至整体金融架构都将发生深刻变革。

随着信息通信技术和互联网的发展，互联网金融信息对金融市场的影响已经越来越不容忽视。2013 年 6 月 17 日，阿里巴巴推出的“余额宝”业务正式上线。这个集网上购物、支付宝转账功能为一体的新产品显然是基金购买的一种变相方式。产品一出，金融市场一片惊呼。另一方面，在金融市场中，传统的金融市场的影响因素同样发挥着巨大的作用。尽管阿里巴巴、腾讯、百度等巨头进入互联网金融的体量还不能与传统银行对比，但这些互联网公司接二连三地通过高收益的互联网金融产品对银行存款的分流，已经成为了事实，传统金融业务下降威胁近在眼前。可是，银行等传统金融机构，却又与互联网巨头们有摆脱不了的关系。

余额宝，作为第三方支付机构的支付宝与货币基金公司天弘基金合作，使支付宝变为天弘基金产品的直销平台，完成基金的线上销售。具体来讲，天弘基金公司发行和销售货币基金增利宝，并将其嵌入余额宝直销，如图 10-1 所示。支付宝的客户是基金的购买者，通过支付宝账户将备付金转入或转出余额宝，实现对增利宝基金的购买和赎回交易，来获得收益。余额宝内的资金还能随时用于网购支付，灵活提取。支付宝与天弘基金的合作开创了基金公司跨界电子商务平台直销基金的模式，也为基金业的互联网化提供了更为广阔的发展空间。

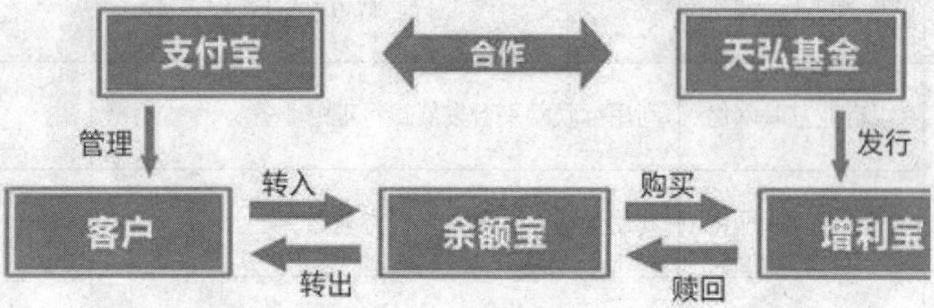

图 10-1　余额宝经营的主体架构

互联网金融之于传统银行最大的作用在于销抵增速放缓、减少不良贷款、吸引更多理财客户。而对于互联网巨头们而言，聚拢现金池、完善闭环、黏住用户是最重要的考量，不可避免地，两者从起初的各取所需到今日已有了实质上的业务冲突。虽然互联网巨头们并无法以吹枯拉朽之势快速颠覆传统金融，但变革一旦开始，一场合纵连横的暴风骤雨在所难免。余额宝是阿里支付宝打造的余额增值服务。余额宝诞生的原因是用户需求，而其发展原因很重要一部分是注重用户体验，余额宝的产生和发展是市场发展的必然。由于大多传统理财产品起点高，普通投资者难以进入，银行理财的"二八原则"也将80%收入不高但有理财需求的投资者拒之门外。同时，淘宝网的发展使得大量的资金沉淀在支付宝，消费者对于这一部分资金的增值有较强的需求。对此，支付宝根据消费者的需求设计相关产品，首先确定产品的类型，其次是寻找金融领域合作伙伴，而且由于注重用户体验，在产品设计上，支付宝提出了如申购起点低、随时能申购和赎回、收益能每天计算等许多要求，这在基金管理、成本和技术方面有很大的挑战。最后支付宝和天弘基金合作，运用支付宝"大数据+云计算+云平台"的优势，成功地推出了余额宝并掀起了互联网金融的浪潮。余额宝的成功运作也昭示着我国金融改革的新方式，为互联网金融的发展开辟了新的天地。

10.3　理财通应用案例

在互联网金融巨大的号召力和 2014 年春节理财的旺盛需求双重推动下，从 2014 年 1 月 16 日公开测试至 1 月 28 日，共计 13 个自然日，腾讯在微信平台上正式上线首款理财产品"理财通"。"理财通"是由腾讯公司推出的基于微信的金融理财开放平台，首批接入包括华夏、易方达、广发、汇添 4 家一线大品牌基金公司。"理财通"上线之后，瞬间被网友"挤爆"，"理财通"的规模已经突破百亿，原定的促销活动，腾讯也不得不暂停和延迟。

"我们预料不足，给大家造成不便，诚恳地向大家道歉。" 2014 年 1 月 24 日，腾讯公关部一位负责人反复在自己的微信中道歉，出乎他们意料之外的。跟支付宝的余额宝类似，腾讯的"理财通"背后对接的也是华夏基金旗下的一款货币基金。在此前的试运行阶段，腾讯方面未作任何宣传，但其高达 7.39%的 7 日年度收益率也引发了不少人的关注。在经过几天时间的试运行之后，2014 年 1 月 22 日"理财通"正式上线，为了吸引用户，腾讯方面还专门推出"存钱抢红包"活动。

微信"理财通"是在微信"我"界面的"我的银行卡"频道中，专门设置有微信"理财通"客服为用户解答疑问。在"我的银行卡"频道里，投资者只要绑定相关合作银行的银行卡就能购买微信“理财通”产品。

1．理财通的办理

“理财通”现阶段只能在手机端操作，即需要一部智能手机，下载微信 APP，打开微信，点击“我的银行卡”界面中的“理财通”进入相关基金公司开户并通过微信支付申购，微信支付绑定的银行卡必须是储蓄卡（借记卡）。没有时间限制，随时随地均可操作。

2．合作银行和限额

目前“理财通”支持民生银行、招商银行、建设银行、光大银行、广发银行、浦发银行、兴业银行、平安银行、中国银行、工商银行、中信银行、农业银行共计 12 家商业银行的借记卡，未来会陆续增加合作的银行。各家银行可支持的限额会有所不同，单日单笔限额在 5000～50000 元。

3．理财通的安全性

（1）“理财通”的技术保障。“理财通”后台有腾讯的大数据支撑，海量的数据和云端的计算能够及时判定用户的支付行为存在的风险性。基于大数据和云计算的全方位的身份保护，最大限度保证用户交易的安全性。同时，由于过分强调安全性，容易造成银行卡丢失后资金难以取回的局面。理财通要求原安全卡 挂失后需银行开具挂失证明，才能办理安全卡更换，造成客户使用的极大不便，严重影响客户体验。

（2）“理财通”的安全机制。财付通为微信理财通打造一整套的安全机制和手段。这些机制和手段包括：硬件锁、支付密码验证、终端异常判断、交易异常实时监控、交易紧急冻结等。这一整套的机制将对用户形成全方位的安全保护。

理财通的资金原卡进出，即用户通过绑定本人的一张储蓄卡进行基金申购，赎回时资金也是返回到绑定的同一张储蓄卡里，不能用于消费或转出到其他银行卡。这极大地降低了理财通账户资金被他人转走的概率，从而保障用户资金安全。

用户在理财通里首次购买所使用的银行卡，被默认为理财通安全卡，仅能使用该卡进行资金购买和赎回。如果用户需要更换新的银行卡，必须将理财通账户的所有资金赎回，才能用新的银行卡进行购买。业内的安全专家表示：“理财通的资金仅支持一张银行卡进出，实现资金流通闭环，虽然牺牲一些用户体验，但更能确保资金账户的安全。

用户丢失手机后应立即进行挂失处理，并及时冻结微信、QQ 等账号。用户可为手机设置锁屏密码，这样即使别人拿到手机也无法开启使用。值得一提的是，手机丢失后，微信支付不会被盗刷，而且进入理财通后，所赎回的资金也只能回到申购的那张卡上，骗子无法挪用。

（3）“理财通”的赔付支持。“财付通”与中国人保财险（PICC）达成战略合作，如果出现微信理财通账户被盗被骗等情况，经核实确为财付通的责任后，将在第一时间进行全额赔付；对于其他原因造成的被盗被骗，财付通将配合警方，积极提供相关的证明和必要的技术支持，帮用户追讨损失。

整体来看，互联网巨头之一的腾讯介入金融，主要涉及金融产业链上的两大环节：一是发挥渠道资源优势，二是具有风险定价能力，以介入金融产业链，开展供应链金融业务。

腾讯拥有海量用户，能够在成本更低、更快速的运行中覆盖用户，将用户资源变现。“理财通”就是发挥渠道资源优势的突出代表。

互联网公司作为优质渠道，正在成为基金等传统金融机构争夺的合作对象。多种余额理财产品的推出，对基金公司是一大利好，出现共赢态势。

由于基金公司没有自己的直销渠道，没有客户体系，以前命运掌握在银行手里。如今，互联网渠道已经成为基金公司发展的新途径，最快的方法就是抱一棵互联网大树。阿里、腾讯、百度都是基金公司争夺的合作对象。

同时，互联网公司作为渠道，也需要“绑定”金融机构，寻找金融机构的资质和资源。腾讯微信具有京东、苏宁等公司无可比拟的优势，在于有可能形成 O2O 商业生态。“理财通”上线后，多了理财的应用场景，可为用户提供一站式的支付、理财方案，更有助于微信生态的建立。

基于微信庞大的用户数、高频次打开率，微信“理财通”将是未来最有潜力对抗“余额宝”的产品。

“理财通”是互联网金融投资理财的先驱之一。尽管这一运作方式得到政府、网民和企业的认可，必然刚刚起步，仍有其不足之处：①货币基金的收益率的常态分布的趋同，将是理财产品的走势，这会引发激烈的竞争；②“理财通”的限额购买会引起大客户的不满而丢弃阵地，赎回资金；③合作伙伴的垫资过大也会引起其资金周转效率减缓，导致运营受阻，而影响声誉。所以，这是“理财通”亟待解决的问题。

10.4 拓展案例

互联网金融的失败案例分析

1．首家互联网银行 SFNB 被收购

失败原因：盈利能力单一

1995 年 10 月 18 日，世界上第一家虚拟网络银行：安全第一银行（SFNB）诞生，它是由美国三家银行和两家计算机公司联合成立的，是得到美国联邦银行管理机构批准的第一家全交易型网上银行。该银行完全依赖互联网进行运营，服务范围包括电子支票业务、利息支票业务、货币市场、基本储蓄业务、信用卡及 CDS 等大范围的多种银行服务。由于费用低，一年后开设了大约 7000 个账户，总存款额超过 2000 万美元，截至 1999 年，存款额就达 4 亿美元，增长速度极快，股价扶摇直上。

但 SFNB 公司一直未盈利，因为有着纯网络银行固有的缺陷：由于资金运作渠道少，受营业网点、从业人员等的限制，SFNB 很难像传统国际性大银行那样以专业的金融服务技能为核心竞争力，灵活运用各种金融工具获取利润，而是以网络操作的便捷性和更高的储蓄利率吸引客户，从而导致客户黏性不足，机构盈利能力单薄。随着大银行加快电子银行布局并降低成本，它的优势消失了。1998 年 SFNB 被加拿大皇家银行以 2000 万美元收购其除技术部门以外的所有部分。

2．谷歌钱包难推广

失败原因：上下游不支持

谷歌钱包推出于 2011 年，采用 NFC 技术，用户可以通过谷歌钱包绑定信用卡的功能，直接刷手机消费。谷歌钱包看上去确实很方便，买东西、吃饭、坐出租车时，只需掏出手机轻轻一刷，支付即可完成（见图 10-2）。但一年以后这款移动支付产品的推广相当不顺利，支持的运营商和手机机型寥寥无几，远未达到谷歌预期。近日甚至有传言称，谷歌准备放弃这种产品。

谷歌钱包之所以迟迟难以推进，最核心的原因不是技术问题，而是产业链上下游都不配合。换句话说，这条产业链由谷歌、电信运营商、手机制造商、信用卡公司、银行、连锁商户组成，都是各自领域的巨头，都不配合推广。目前美国四大运营商只有一家支持。美国最大移动运营商 Verizon 以该业务存在安全漏洞为由，拒绝与谷歌合作。而 VISA、万事达卡这样的信用卡公司也有自己的小算盘，万事达卡和谷歌达成合作协议，但是 VISA 则想推出自己的移动支付端。

图 10-2 谷歌钱包的使用方式

3. 互联网保险 InsWeb 被收购

失败原因： 产品复杂 网上难卖

美国保险电子商务站点 InsWeb（见图 10-3）创立于 1995 年 2 月，其主要盈利模式是为消费者提供多家合作保险公司的产品报价，帮助消费者做出购买决定，从中收取费用；为代理人提供消费者个人信息和投保意向，并向代理人收取费用。公司曾在美国纳斯达克市场上市，是全球最大的保险电子商务站点，并且在业界有着非常高的声誉，被福布斯称为网上最优秀的站点。这个站点涵盖了包括汽车、房屋、医疗、人寿甚至宠物保险在内的非常广泛的保险业务范围。

但是保险产品大多较为复杂，往往需要代理人面对面地讲解；而单纯在网络上难以迅速了解产品性质，这导致绝大多数保险产品无法依靠互联网销售。因此公司主要销售的还是相对简单的车险和意外险，而仅靠这个规模是难以维持生计的。长期亏损终于导致了股价的一路狂跌，2011 年，InsWeb 被美国著名个人理财网站 Bankrate 收购。被收购前最后一次公布报表的前三季度收入仅为约 3900 万美元，与美国万亿美元左右的保险费相比几乎可以忽略不计。

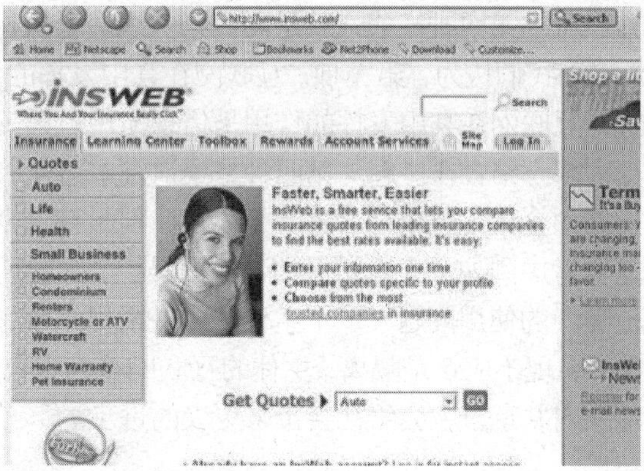

图 10-3 InsWeb 首页

4. 基金淘宝店沦为鸡肋

失败原因：用户与渠道不对称

基金淘宝店在 2013 年“光棍节”正式上线（见图 10-4），与上线时的火爆形成鲜明对比，基金淘宝店上线之后瞬间回归平静。各公司淘宝店分化明显，除了销售额过亿的基金淘宝店，有的基金公司店铺格外冷清，单只基金一个月只有一笔成交。淘宝的用户以年轻人为主，很多是基金新手，并非成熟的投资者，他们主要希望利用闲散资金进行投资，因此他们更青睐低风险、保本的产品。另外，相比银行渠道的理财经理，淘宝的店小二在专业度上也相对弱一点，导致销售不畅。

图 10-4　基金淘宝店上线

思考

基金淘宝店如果想生存下去,应该怎么做?

10.5　本章总结

目前，互联网金融可分为四种模式。第一种模式是传统的金融借助互联网渠道为大家提供服务，这个是大家熟知的网银。第二种模式，类似阿里金融，由于它具有电子商务的平台，为它提供信贷服务创造了优于其他放贷人的条件。第三种模式，是大家经常谈到的 P2P 模式，这种模式更多地提供了中介服务。第四种模式，就是网商与一线基金机构联手开展的理财服务。这四种模式，如果抛开形式，我们认为，第一种，互联网在其中发挥的作用应该是渠道的作用。第二种，阿里金融的模式，互联网在其中发挥的作用是信息揽用。第三种 P2P 就是一种中介，这种中介把资金出借方与需求方结合在一起。第四种是渠道资本运作。

总之，互联网金融发展到今天是整个社会进步的表现，但是在这个过程当中，在我们充分肯定模式的情况下，还是要考虑到如个人隐私保护、数据保护、风险防范等方面的问题。同时也要考虑信息在更大的范围内的使用问题，一个主体，它在阿里平台、京东的平台上以及其他平台上都有表现，它的各种表现不应该是隔离，主体的互联网行为报告应该是全面的、共享的，信息只有在更广更大的范围内共享，才会给社会带来更大的进步。

10.6　课外练习

1. 目前开展的互联网金融有哪些模式?
2. 请进入京东商城的金融板块观察京东“小金库”与哪些企业合作？开设了哪些金融产品?
3. 深入分析电子商务为何要开展互联网金融？举例说明。

参考文献

[1]沈虹杉，谭杨杨，吉宁，胡聪聪，刘辉.2014 中国互联网金融行业深度研究报告[M].成都社信财富股权投资基金中心，2014.6

[2]谢平.互联网金融的兴起和影响[L].互联网金融杂志

[3]马城.大众点评网改版转型城市生活网[L] .新浪科技讯

[4]雷玲.电子商务案例分析.大连：大连理工大学出版社,2009

[5]蔡剑，叶强，廖明玮.电子商务案例分析.北京：北京大学出版社，2011

[6]吴吉义.电子商务概论与案例分析.北京：人民邮电出版社，2008

[7]凌守兴，王利锋.网络营销实务.北京：北京大学出版社，2009

[8]司林胜.电子商务案例分析.北京：电子工业出版社，2010

[9]曹彩杰. 电子商务案例分析. 北京：北京大学出版社，2010

[10]李晓明. 电子商务案例分析. 北京：中国铁道出版社，2012

[11]肖玲. 佐卡伊无线营销案例分析. http://www.prnews.cn/common/NewsShow2177153.htm

[12]冠军“小狗”如何修炼无线内功. 阿里案例工场. http://www.aliresearch.com/?m-cms-q-view-id-76921.html

[13]天猫商城案例分析.坐坐网. http://www.zuozuo365.com/case/index.php?doc-view-1317

[14]腾讯的创新之路. 个人图书馆.http://www.360doc.com/content/14/0422/00/11548039_370994557.shtml

[15]大众点评七年史：从“差点死掉”到转型成功.腾讯科技. http://tech.qq.com/a/20140327/005312.htm

[16]大淘宝时代中国民营电子商务企业的创新奇迹. 天极网.http://www.yesky.com/124/11204624.shtml

[17]万家乐：破“界”全网营销 缔造品牌销售全链条传奇. 中国电子商务研究中心. http://b2b.toocle.com/detail--6165257.html

[18]WIS：护肤的微营销之路.中国电子商务研究中心. http://b2b.toocle.com/detail--6165433.html

[19]好孩子无线运营经验分享.阿里案例工场. http://www.aliresearch.com/index.php

[20]产品销售，星巴克怎么做 O2O？虎嗅网. http://www.huxiu.com/article/13211/1.html

[21]美国生鲜电商 LocalHarvest 探索农产品电商小而美之路.创业邦. http://www.cyzone.cn/a/20140312/255100.html

[22]解读 2013 五大最成功的 O2O 案例. 青年导网.http://qndb.net/lswh/164327.html

[23]移动 O2O 营销模式 促进服装鞋帽行业快速发展.中国服装工业网. http://www.fzengine.com/dianshang/qianyan/2014-10-29/1033371.aspx

[24]仇宇飞,龚敏. 从淘宝和日本乐天对比看淘宝网的电子商务模式创新.中国电子商务, 2014, (18)

[25]米莉雅：跨界电商的女裤专家.阿里研究院. http://www.aliresearch.com/?m-cms-q-view-id-76867.html

[26]紫魅：只做紫色生意的淘宝店.一大把网. http://ec.yidaba.com/201408/061816291001100100000187451.shtml

[27]阿里巴巴：电子商务的创新标兵. 中国电子商务产业园联盟.http://www.em.com.cn/2014/case_0930/4899.html

[28]科通芯城：用 B2C 的方式做 B2B.新浪科技. http://tech.sina.com.cn/i/2013-07-16/13398544235.shtml

[29]欧浦钢网：网上卖钢铁提供全产业链服务.中国电子商务研究中心.http://www.100ec.cn/detail--6152832.html